Copyright© 2013 by Myrna Silveira Brandão

Todos os direitos desta edição reservados à Qualitymark Editora Ltda. É proibida a duplicação ou reprodução deste volume, ou parte do mesmo, sob qualquer meio, sem autorização expressa da Editora.

Direção Editorial	Produção Editorial
SAIDUL RAHMAN MAHOMED editor@qualitymark.com.br	EQUIPE QUALITYMARK

Capa	Editoração Eletrônica
EQUIPE QUALITYMARK	APED-Apoio e Produção Ltda.

CIP-Brasil. Catalogação-na-fonte
Sindicato Nacional dos Editores de Livros, RJ

B817c

    Silveira Brandão, Myrna
       O Cinema na gestão de pessoas / Myrna Silveira Brandão. - 1. ed. - Rio de Janeiro : Qualitymark Editora, 2013.
       228 p. : il. ; 23 cm.

    Inclui bibliografia e índice
    ISBN 978-85-414-0112-8

       1. Administração de pessoal. 2. Recursos humanos. 3. Pessoal - Treinamento. 4. Cinema na educação. I. Título.

13-03367   CDD: 658.3
                                                                                          CDU: 658.3

2013
IMPRESSO NO BRASIL

Qualitymark Editora Ltda.
Rua Teixeira Júnior, 441 – São Cristovão
20921-405 – Rio de Janeiro – RJ
Tel.: (21) 3295-9800 ou 3094-8400

QualityPhone: 0800-0263311
www.qualitymark.com.br
E-mail: quality@qualitymark.com.br
Fax: (21) 3295-9824

Dedicatória

Para Carlos, Marlene e Marco Antonio
Para Marcus Vinícius, João Mário, Maria Antônia e Marina
Para Maria (*in memorian*)

Agradecimentos

Adriano Teixeira Duarte Justo Junior
Alexandre Peconick
Alice Ferruccio
Ana Mokarzel
Anna Luiza Muller
Anna Maria Delgado
Ana Silvia Corso Matte
Anderson Seixas
Andrucha Waddington
Antônio Tinoco Neto
Arlete Campos
Aurea Castilho
Breno Silveira
Carla Lima
Carlos Alberto Barbosa
Carlos Alberto Mattos
Carlos Alberto A. Porto
Carlos Almeida
Carlos Saldanha
Carlos Victor Strougo
Carmem Mateus
Celso Niskier
Cézar Kirszenblatt
Chambinho do Acordeon
Cláudia Tinoco
Daniela Piccino
Debora Nascimento

Dulcinea Monteiro
Evaldo Mocarzel
Fábio Santos Ribeiro
Fany Malin Tchaikovsky
Fernanda Hallak
Fernando Meirelles
Flávio Almada
Flávia Serretti
Francisco Moreira
Glauce Malvão
Gustavo Adolfo Di Cresci
Hamida Mahomed
Heitor Chagas de Oliveira
Heloisa Machado
Hércoles Greco Sobrinho
Ilda Santiago
Isa Oliveira e Silva
Isaque Farizel
Ivânia Morgado
Jaqueline Arruda
Janine Saponara
João Falcão
João Francisco Hruza Alqueres
João Jardim
João Luiz Vieira
Joaquim Paulo Lauria da Silva
José Carlos de Freitas
José Carlos Leal
José Padilha
José Pinto Monteiro
Joseph E. Champoux
Josias Bernardes
Josiel Nunes
Julio Alfradique
Jurandyr Noronha
Katia Pineschi
Leyla Nascimento
Lucia Santarém
Luiz Augusto Costa Leite
Luiz Villaça

Magda Hruza
Márcia Luz
Márcia Constantini
Marcos Bernstein
Marcos Jardim
Marco Dalpozzo
Maria Lucia Moreira
Marília Franco
Marina Gomide Leite
Mauro Domingues
Miguel Serpa Pereira
Mozart Vieira
Nelson Hoineff
Nelson Pereira dos Santos
Nelson Savioli
Patrícia Baby Albuquerque dos Santos
Patrícia Bomfim
Paulo Monteiro
Paulo Sardinha
Paulo Thiago
Quintino Vargas
Raquel Hallak
Ricardo Elias
Robson Santarém
Robson José Soares Dantas
Rodrigo Borges Campos
Rosa Maria Castro Correa
Rosana Gonçalves de Rosa
Rosane Nicolau
Rosangela Mariano
Rosirene Caetano
Saidul Rahman Mahomed
Selton Mello
Sérgio Behnken
Silvia Rabello
Silvio Roberto Santa Barbara
Simon Khoury
Sirley Carvalho Gonçalves Silva
Solange Straube Stecz
Sonia Thereza Nogueira da Silva

Talita Snitcovsky
Tatiana Milito
Thadeu do Couto
Vitor Cássio
Walter Carvalho
Walter Salles
Wilson Cotrim

Apresentação

Caros Leitores,

Em 2004 lancei o livro *Leve seu Gerente ao Cinema* e em 2006, *Luz, Câmera, Gestão – A Arte do Cinema na Arte de Gerir Pessoas*. Ambos me deram muito retorno, alegria e aprendizado nas inúmeras palestras que realizei. Agradeço todas as mensagens, comentários e sugestões que vocês me deram durante esse tempo.

De lá para cá, no entanto, surgiram muitos novos filmes e também se tornou mais visível e crescente um dado importante, e que tem muito a ver com a proposta deste trabalho: o cinema está cada vez mais próximo da vida real, por vezes sendo tênue o fio que separa a ficção da realidade.

Na vida real, estou considerando – além do nosso cotidiano – o mundo corporativo, a ambiência organizacional, as gerências, os líderes, os governantes e todos que têm a responsabilidade de conduzir organismos e tomar decisões que atingem dezenas ou milhares de pessoas e, em muitas ocasiões, transformam vidas.

Além de retratarem nossa vida familiar, profissional e de cidadãos, os filmes incluem uma gama enorme de temas com os quais nos deparamos todos os dias, como amizade, amor, relacionamento, preconceito, valores, discriminação, limites, riscos, ética, desigualdades, decisão e muitos outros que estão nas próximas páginas deste livro.

A proposta é a mesma dos anteriores, só que, no espaço desses nove anos, experiências adquiridas, sugestões recebidas e eventuais mudanças na área levaram a que, neste novo livro, tenham sido feitas algumas adequações, das quais destaco as seguintes:

1. Ampliação das informações sobre os filmes. Estou cada vez mais convencida de que, se estamos utilizando o cinema como ferramenta de aprendizagem, é importante conhecer um pouco mais dessa arte centenária.

2. Inclusão de um número maior de filmes que, embora não tenham sido locados no ambiente corporativo, ensejam reflexão e debate por centrarem sua abordagem em inúmeros aspectos relacionados com os seres humanos, suas diferenças individuais, sua complexidade e sua condição de ser o verdadeiro elo entre as metas empresariais e os resultados que se quer alcançar. A assertiva vai de encontro ao pensamento do filósofo francês Merleau-Ponty quando diz, em suas reflexões sobre a fenomenologia, que o cinema é capaz de reproduzir uma parte da realidade e do comportamento das pessoas, assim como seu modo de estar no mundo.

3. A constatação, cada vez mais fortalecida, de que o cinema tem uma enorme presença nos componentes do cotidiano de uma forma lúdica, onírica, mágica e próxima da construção da realidade.

Quero ressaltar que julguei importante inserir neste trabalho um texto – já constante dos anteriores – relativo ao "Desenvolvimento e Conteúdo do Livro", no qual faço considerações sobre as razões de utilizar o cinema como ferramenta de desenvolvimento, sugestões para essa utilização e indicação dos cuidados que precisam ser tomados no caso da seleção de cenas.

Meus agradecimentos por este trabalho são inicialmente para o Carlos, companheiro e coautor desta obra, no seu apoio constante de incentivador, revisor, colaborador e crítico. Quero igualmente agradecer a Marlene, irmã, amiga sempre presente e disposta a dar sua ajuda afetiva e construtiva.

Registro um agradecimento especial a Luiz Augusto Costa Leite, com quem dialogo muito sobre cinema e que me dá a alegria de prefaciar este livro.

Igualmente meus agradecimentos especiais para Leyla Nascimento, Robson Santarém e Nelson Pereira dos Santos pela confiança e generosidade na apreciação deste trabalho.

Agradeço carinhosamente a Hamida e Saidul Mahomed pela crença, confiança e incentivo neste e nos trabalhos anteriores.

Renovo também meus agradecimentos à Associação Brasileira de Recursos Humanos – ABRH-RJ, sua diretoria, conselho, equipe, membros e a todos com quem lá convivo, aprendo, troco experiências e saio sempre mais enriquecida.

Por último, desejo agradecer e reiterar a importância de continuar recebendo sugestões e comentários de todos. Assim como os filmes que somente acontecem quando são vistos pelos espectadores, estas ideias só terão sentido se possibilitarem a troca e o conhecimento compartilhado.

Myrna Silveira Brandão

Prefácio

No Escurinho do Cinema

Quem não se lembra de George C. Scott, como General Patton, agredindo um soldado por achá-lo covarde? E de Kevin Spacey em A *Beleza Americana* pedindo um emprego que não lhe exigisse qualquer esforço mental? Ou do menino de *Filhos do Paraíso* que estava competindo pelo terceiro lugar em uma corrida – nada além disso – e chorou de desespero ao vencê-la? Os músicos de *Ensaio de Orquestra* queriam substituir o maestro por um metrônomo, enquanto as paredes de teatro eram abaladas pelas obras públicas dos tempos modernos. Por falar nisso, foi Chaplin que desnudou a sociedade industrial que chegava triunfante no século XX. A imagem de Grande Otelo entrando, floresta adentro, em uma canoa cheia de produtos eletroeletrônicos, em *Macunaíma*, dá um foco de brasilidade às transformações mundiais.

O cinema é a grande metáfora de sucessivas gerações. É ali, no escurinho, que confrontamos nossos valores, reconhecemos contradições, brigamos e nos reconciliamos com a humanidade. Enfim, fazemos a ponte entre imaginário e realidade, reconstruindo ambos a partir de sua percepção.

O teatro tem efeito até superior, por ser ao vivo e, sem dúvida, o de maior conteúdo intelectual, mas não tem o alcance popular e a magia do cinema. Mais recentemente, outras metáforas foram adicionadas aos programas de desenvolvimento nas organizações, como os jogos, os treinamentos ao ar livre, o fabulário, dramatizações diversas, a própria encenação de peças temáticas e assim por diante. Todos procuram sair da sala de aula, proporcionando uma visão mais completa dos fenômenos que nos cercam na vida do trabalho. No campo do incentivo à reflexão pessoal, no entanto, o cinema é imbatível, mais ou menos como um livro, só que com som, imagem, movimento e emoção viva. Um ciclo inteiro tem que ser mostrado em duas horas e não são poucas as obras primas conseguidas com tal limitação.

O cinema tem o ritmo da sociedade. Consegue apresentar ideias, discuti-las e provocar julgamentos em um momento da história em que os executivos têm seu tempo extremamente demandado por resultados operacionais. Além disso, as pessoas estão lendo menos e procurando um alívio para as agruras da existência por meio de outros meios mais descartáveis.

Há uma questão educacional, mas acima de tudo cultural. Veja, leitor, que todos os filmes citados neste livro são de qualidade insuspeita. Não há abacaxis. Não se perde tempo. Podemos até questionar sua tessitura ou a adequação de seus conteúdos, jamais a qualidade. Por trás dos filmes estão nomes como Martin Scorsese, Wim Wenders, Roman Polanski, Jean-Pierre e Luc Dardenne, Terrence Malick, Michael Haneke, Clint Eastwood, David Cronenberg e outros nessa linha.

Essa dimensão cultural é cada vez mais importante para nossos executivos. As situações com que lidam hoje exigem um discernimento muito além de uma simples operação aritmética. Não é na reprodução de exemplos do passado, ou nas lições da experiência corporativa, que se inspirarão para inovar e superar obstáculos sofisticados. Sair da caixa é o que precisam fazer. Não deve ser coincidência que poucos filmes que retratam a vida corporativa têm qualidade superior. Este é, no fundo, um ambiente enclausurador, com medidas próprias, busca de eficiência, lógica de negócios, poder concentrado. O que nem todos percebem é a necessidade de seus atores terem a competência de reunir as diferentes facetas que compõem o trinômio indivíduo-organização-sociedade, tirando daí as melhores lições.

Para tanto, é preciso aproveitar o acervo de cultura que é colocado à disposição do mundo pelos artistas, estes, sim, com uma visão superior do que acontece com nossas vidas. Não quer dizer que todo executivo precisa ser um intelectual, nem mesmo um mecenas das artes. Espera-se, porém, que tenha uma estrutura intelectual para vencer seus desafios, o que não é dado por jogos de empresa e nem por um exercício em cordas altas. Estes são mais instrumentais. A vantagem do cinema é que amplia o cenário e levanta as questões verdadeiras. Quando discutimos *Doze Homens e uma Sentença*, não era a virada de placar, de onze a um pela condenação para doze a zero pela absolvição, que sensibilizava mais os executivos, mas a convicção da incerteza, quando Henry Fonda afirmava estar com uma dúvida razoável, enfrentando, assim, pressões para que a decisão fosse tomada rapidamente e com base em aparências. Esta foi uma real contribuição para a cultura gerencial: a admissão da dúvida como matéria-prima essencial aos processos mentais dos executivos. Lembro-me também da introspecção de Alan Ladd, em *Shane*. Aquele olhar perdido debruçado em uma cerca ensinava-nos mais sobre o valor do individualismo na sociedade americana do que vários ensaios.

E o jantar em *Gente Como a Gente*, quando a filha leva o namorado roqueiro para apresentar aos pais? A certa altura, o pai sisudo volta-se para o jovem pretendente e pergunta quanto ele ganhava por ano, tentando mostrar poder. Um milhão de dólares. O mundo tinha mudado e a experiência perdido para a competência, a empáfia para a criatividade, em uma tomada de cinco minutos. O sertão vai virar mar e o mar virar sertão, o forte verso de Sérgio Ricardo para a trilha sonora de *Deus e o Diabo na Terra do Sol* mobilizou toda uma geração em torno de determinados ideais de mudança. O grito dos comícios se dispersa, mas a voz e a imagem do cinema continuam alimentando a consciência humana.

Quem acha que o bem e o mal nas organizações são conveniências circunstanciais, perderá tal ingenuidade ao defrontar-se com a figura enorme de Marlon Brando em *Apocalypse Now*, a própria personificação do mal. Aqueles que não veem saída para a relação autoritária de dependência entre superior e subordinado descobrem que o rompimento pode ser traumático, mas grandioso. Jane Fonda rebela-se contra seu marido na versão cinematográfica de *Casa de Bonecas*, de Henrik Ibsen. Deixa de lado a fachada de bibelô e vai à luta, reconstruindo sua identidade. Isso é que é exercício de autoestima e não certas celebrações da subarte que existem por aí.

Veja, leitor, quantas oportunidades a arte do cinema nos oferece, uma espécie de *e-learning*. Você não precisa de aprovação de verba para treinamento e pode usar sem tempo discricionário. Pode ir sozinho ou acompanhado por quem escolher. Se não gostar, passe para a sala ao lado, neste mundo multiplexado. Se gostar demais, assista quantas vezes quiser em DVD.

Cada vez mais a aprendizagem se alcança através do lazer. É agradável ao espírito, estimulante, prazerosa aos sentidos e voltada para aquilo que gera valor para as pessoas. Myrna Brandão, com sua profundidade didática, preenche todos esses requisitos, por meio dos filmes deste livro-mostra; assim como dos demais filmes que passaremos a assistir com outros olhos, corações e mentes, no escurinho do cinema.

Luiz Augusto Mattana da Costa Leite
Diretor da Change Consultoria de Organização,
Vice-Presidente do Instituto Brasileiro de Consultoria
de Organização (IBCO)

Sumário

Agradecimentos	VII
Apresentação	XI
Prefácio	XV
Roteiro	1
Capítulo II — Desenvolvimento e Conteúdo	**15**
1. Introdução	17
2. Por Que Utilizar	17
3. Como Utilizar	18
4. Seleção de Cenas	20
5. Autorizações	22
Capítulo II — O Filme como Objeto de Análise e Debate	**23**
140, de Frank Kelly	25
Amor sem Escalas, de Jason Reitman	29
À Procura da Felicidade, de Gabrielle Muccini	33
As Aventuras de Pi, de Ang Lee	37
A Conquista da Honra, de Clint Eastwood	41
Cartas de Iwo Jima, de Clint Eastwood	43
César Deve Morrer, de Paolo e Vittorio Taviani	46
Cisne Negro, de Darren Aronofsky	50
O Contador de Histórias, de Luiz Villaça	54
Os Descendentes, de Alexander Payne	58
Os 12 Trabalhos, de Ricardo Elias	61
Ensaio sobre a Cegueira, de Fernando Meirelles	65
O Escafandro e a Borboleta, de Julian Schnabel	69

O Garoto de Bicicleta, de Jean-Pierre e Luc Dardenne 73
Gonzaga – de Pai pra Filho, de Breno Silveira 76
A Grande Virada, de John Wells 80
O Homem que Mudou o Jogo, de Bennett Miller 84
Homens e Deuses, de Xavier Beauvois..88
Intocáveis, de Olivier Nakache e Eric Toledano....................................91
A Invenção de Hugo Cabret, de Martin Scorsese 94
Jobs, de Joshua Michael Stern..97
Lixo Extraordinário, de João Jardim 100
A Máquina, de João Falcão 104
Margin Call – O Dia Antes do Fim, de J.C.Chandor 108
Um Método Perigoso, de David Cronenberg 112
Michelangelo, de Jerry London...115
Nao Sei Como Ela Consegue, de Douglas McGrath..........................118
Orquestra dos Meninos, de Paulo Thiago 122
O Palhaço, de Selton Mello 126
A Partida, de Yojiro Takita...130
Pequena Miss Sunshine, de Jonathan Dayton e Valerie Faris.............133
O Porto, de Aki Kaurismaki 138
A Rede Social, de David Fincher 142
Rio, de Carlos Saldanha 146
A Separação, de Asghar Fahardi 150
Todo Poderoso, de Tom Shadya 154
Trabalho Interno, de Charles Ferguson..157
Tudo pelo Poder, de George Clooney 161
Up – Altas Venturas, de Pete Docter e Bob Peterson.........................164
O Voo da Fênix, de John Moore 168
A Voz do Coração, de Christophe Barratier 171

Capítulo III — Filmes para um Programa Cultural e de Integração..........175
Além da Vida, de Clint Eastwood 179
A Árvore da Vida, de Terrence Malick 182
O Artista, de Michel Hazanavictus 184
Cosmópolis, de David Cronenberg..187
O Deus da Carnificina, de Roman Polanski 190
A Fita Branca, de Michael Haneke 193
Ginger & Rosa, de Sally Potter..196
Pina, de Wim Wenders...198
Reencontrando a Felicidade, de John Cameron Mitchell 201
O Voo, de Robert Zemeckis..203

Referências Bibliográficas 205

Roteiro

Este roteiro tem como objetivo indicar quais temas podem ser trabalhados e analisados utilizando filmes. Ao escolher o filme, no entanto, é fundamental ler textos sobre ele para verificar se o mesmo centra-se no tema procurado. Um filme, por exemplo, pode abordar o assunto em alguma(s) cena(s) sem seu enfoque principal se referir especificamente ao objeto buscado. Por outro lado, embora um filme possa abordar vários assuntos, muitas vezes ele tem um direcionamento maior para determinado tema.

Pelos mesmos motivos, é importante também assistir ao filme previamente antes da sessão com o grupo. Informações mais detalhadas podem ser encontradas no Capítulo I.

Aprendizagem

À Procura da Felicidade
O Contador de Histórias
O Escafandro e a Borboleta
Orquestra dos Meninos
Up Altas Aventuras
A Voz do Coração

Competição

À Procura da Felicidade
Cisne Negro
Os 12 Trabalhos
O Homem que Mudou o Jogo

Um Método Perigoso
Todo Poderoso

Comunicação / Conexão

140
Amor sem Escalas
O Escafandro e a Borboleta
Ensaio sobre a Cegueira
Gonzaga – de Pai pra Filho
A Rede Social

Confiança

À procura da Felicidade
O Contador de Histórias
Gonzaga – de Pai pra Filho

Conflito

À Procura da Felicidade
Cartas de Iwo Jima
A Conquista da Honra
Cisne Negro
O Contador de Histórias
Os Descendentes
Gonzaga – de Pai pra Filho
Margin Call – O Dia Antes do Fim
Um Método Perigoso
Orquestra dos Meninos
A Separação
Tudo pelo Poder
O Voo da Fênix

Criatividade

140
As Aventuras de Pi
César deve Morrer
A Invenção de Hugo Cabret
Jobs

A Rede Social
Up – Altas Aventuras

Cultura

140
Cartas de Iwo Jima
A Conquista da Honra
A Partida
Rio
A Separação

Decisão

Cartas de Iwo Jima
A Conquista da Honra
Os Descendentes
Homens e Deuses
A Máquina
Margin Call – O Dia Antes do Fim
Não Sei Como Ela Consegue
O Palhaço
A Partida
Trabalho Interno
Tudo pelo Poder
O Voo da Fênix

Desafio

À Procura da Felicidade
Cisne Negro
O Escafandro e a Borboleta
Homens e Deuses
Jobs

Diferenças

Cartas de Iwo Jima
A Conquista da Honra
O Contador de Histórias
Os 12 Trabalhos

O Garoto de Bicicleta
Gonzaga – de Pai pra Filho
Intocáveis
Um Método Perigoso
O Porto
Rio
A Separação
O Voo da Fênix

Discriminação

À Procura da Felicidade
O Contador de Histórias
Homens e Deuses
A Partida
A Separação

Diversidade

140
O Contador de Histórias
Os 12 Trabalhos
Gonzaga – de Pai pra Filho
Intocáveis
Não Sei Como Ela Consegue
O Porto
Rio

Educação

O Contador de Histórias
Os 12 Trabalhos
Pequena Miss Sunshine
A Voz do Coração

Empreendedorismo

Jobs
Não Sei Como Ela Consegue
A Rede Social

Equipe

O Homem que Mudou o Jogo
Intocáveis
Não Sei Como Ela Consegue
O Voo da Fênix

Ética

À Procura da Felicidade
Os Descendentes
Ensaio sobre a Cegueira
A Grande Virada
Margin Call – o Dia antes do Fim
Um Método Perigoso
Não Sei Como Ela Consegue
Rio
Trabalho Interno
Tudo pelo Poder

Humanismo

Cartas de Iwo Jima
A Conquista da Honra
O Contador de Histórias
Os 12 Trabalhos
O Garoto de Bicicleta
Homens e Deuses
A Partida
O Porto

Inovação

César Deve Morrer
A Invenção de Hugo Cabret
Jobs
Up – Altas Aventuras

Liderança

Cartas de Iwo Jima
A Conquista da Honra
Cisne Negro
Ensaio sobre a Cegueira
O Homem que Mudou o Jogo
Lixo Extraordinário
Michelangelo
Orquestra dos Meninos
O Voo da Fênix

Memória

Os Descendentes
A Invenção de Hugo Cabret
A Máquina
A Partida

Motivação

À Procura da Felicidade
César Deve Morrer
Jobs
Michelangelo
O Palhaço
A Partida

Mudança

O Contador de Histórias
O Homem que Mudou o Jogo
Intocáveis
Lixo Extraordinário
A Voz do Coração

Paradigmas

140
À Procura da Felicidade
César Deve Morrer

O Contador de Histórias
O Homem que Mudou o Jogo
Lixo Extraordinário
Não Sei Como Ela Consegue
A Separação
A Voz do Coração

Persistência

À Procura da Felicidade
As Aventuras de Pi
O Contador de Histórias
Orquestra dos Meninos
O Voo da Fênix

Poder

A Grande Virada
O Homem que Mudou o Jogo
A Máquina
Margin Call – O Dia Antes do Fim
Michelangelo
Orquestra dos Meninos
Pequena Miss Sunshine
A Rede Social
Trabalho Interno
O Voo da Fênix

Potencial

140
À Procura da Felicidade
César deve Morrer
Os 12 Trabalhos
O Homem que mudou o Jogo
Michelangelo
A Voz do Coração

Preconceito

À Procura da Felicidade
O Contador de Histórias
Intocáveis
Não Sei Como Ela Consegue
O Porto
A Separação

Redes Sociais

140
A Rede Social

Resiliência

À Procura da Felicidade
As Aventuras de Pi
Os 12 Trabalhos
O Escafandro e a Borboleta
O Garoto de Bicicleta
Gonzaga – de Pai pra Filho
A Grande Virada
Lixo Extraordinário
Orquestra dos Meninos
Pequena Miss Sunshine
Todo Poderoso
Up – Altas Aventuras
O Voo da Fênix

Solidariedade

Cartas de Iwo Jima
A Conquista da Honra
O Contador de Histórias
Homens e Deuses
O Porto

Sonhos

À Procura da Felicidade
Cesar Deve Morrer
Os 12 Trabalhos
Intocáveis
Up – Altas Aventuras

Superação

À Procura da Felicidade
As Aventuras de Pi
César Deve Morrer
Cisne Negro
O Contador de Histórias
Os 12 Trabalhos
O Escafandro e a Borboleta
O Garoto de Bicicleta
Gonzaga – de Pai pra Filho
A Grande Virada
Jobs
Lixo Extraordinário
Michelangelo
Orquestra dos Meninos
Todo Poderoso
Up – Altas Aventuras
O Voo da Fênix

Sustentabilidade

Os Descendentes
Ensaio sobre a Cegueira
O Garoto de Bicicleta
Lixo Extraordinário
Rio

Talento

À Procura da Felicidade
César Deve Morrer
Cisne Negro

Os 12 Trabalhos
Intocáveis
A Invenção de Hugo Cabret
Um Método Perigoso
Michelangelo
Não Sei Como Ela Consegue
O Palhaço
A Rede Social
Rio
A Voz do Coração

Tecnologia

140
As Aventuras de Pi
A Invenção de Hugo Cabret
Jobs
A Rede Social

Trabalho

Amor sem Escalas
À Procura da Felicidade
Cisne Negro
A Grande Virada
O Homem que Mudou o Jogo
Jobs
Lixo Extraordinário
Margin Call – O Dia Antes do Fim
Não sei Como ela Consegue
Orquestra dos Meninos
O Palhaço
A Partida
Todo Poderoso
Trabalho Interno
Tudo pelo Poder

Valores

Amor sem Escalas
À Procura da Felicidade

César Deve Morrer
Os Descendentes
Os 12 Trabalhos
Ensaio sobre a Cegueira
Gonzaga – de Pai pra Filho
A Grande Virada
Pequena Miss Sunshine
Rio
A Separação
Todo Poderoso
Trabalho Interno
Tudo pelo Poder
O Voo da Fênix

Desenvolvimento e Conteúdo

1. Introdução

O conteúdo deste livro objetiva a utilização do potencial do cinema como metodologia de treinamento e desenvolvimento através da indicação, crítica e comentários de vários filmes que abordam temas vividos no cotidiano das organizações e no dia a dia das pessoas na sua vida profissional e pessoal.

2. Por Que Utilizar

Na presente análise acerca da utilização do cinema na área de gestão, vemos as seguintes fundamentações:

— A aprendizagem não passa apenas pelo intelecto, mas também pelas emoções, pelos valores e pelas percepções. Poucos veículos mexem tanto com a emoção como o cinema.

— O que se pode assistir através do cinema é na maioria das vezes universal, possibilitando o conhecimento de outras culturas, de costumes diferenciados e de visões diferentes da nossa.

— Os programas possibilitam um treinamento em equipe numa experiência compartilhada.

— Um filme tem um grande poder de convencimento e já foi utilizado inúmeras vezes para alterar comportamentos, obter comprometimentos e até como instrumento de propaganda e publicidade.

— O cinema aborda fatos do nosso cotidiano e de nossas vidas como pessoas e profissionais. Muitos filmes são baseados em histórias reais e alguns (os documentários) buscam ser o retrato fiel do personagem e/ou da história enfocada.

— Além do aspecto de lazer e entretenimento, o cinema é também um meio de reflexão psicológica, política, sociológica, religiosa, ética e cultural. Poucos meios mostram com tanta veracidade situações que podem ser comparadas àquelas vividas pelos profissionais e gestores na vida pessoal e nas organizações.

— Uma sessão com a exibição e o debate de um filme tem condições de propiciar uma participação mais ativa do grupo, funciona como fator de integração dos participantes, exercita o trabalho em equipe, estimula a criatividade e amplia a visão de todos.

— O próprio aspecto relacionado com a estrutura para realização de uma produção cinematográfica é um fator a ser considerado: um filme é realizado por profissionais de várias áreas que se juntam numa estrutura temporária; muitas vezes, são convocados os melhores profissionais do mercado.

3. Como Utilizar

Neste capítulo são analisados 40 filmes com as respectivas indicações dos temas que poderão ser utilizados em programas de treinamento e desenvolvimento.

Para essa utilização, indicamos alguns pontos que julgamos importantes a serem observados antes e durante a realização do programa:

— O filme deve ser cuidadosamente escolhido de acordo com o tema que será abordado. É importante levar em consideração o perfil profissional da turma, a sua faixa etária, o tempo de duração do filme e outros aspectos relacionados à situação específica do programa a ser administrado.
— Ao escolher o filme, é importante ler o texto relativo a ele. Embora um filme possa ser analisado acerca de vários assuntos, normalmente tem um enfoque maior em determinado tema. Por exemplo, o filme Orquestra dos Meninos, de Paulo Thiago, mesmo abordando ques-

tões ligadas à ética, corrupção e ao abuso de poder, tem como ponto alto a ser trabalhado a superação de obstáculos para alcançar um objetivo.

— O (a) facilitador (a) deve assistir ao filme previamente e anotar os pontos e as cenas que, como especialista da área e também como espectador (a), destacaria para trabalhar o tema em questão.

— Antes da exibição é interessante uma breve explicação sobre o filme, o tema tratado e alguns dados relativos à produção, aos eventuais prêmios, condução narrativa e até curiosidades. Isso contribui, inclusive, para o entendimento da mensagem que os realizadores querem passar. Os filmes analisados neste livro são acompanhados de um pequeno texto com informações adicionais sobre o título em questão.

— Após a exibição, é recomendável que haja uma breve exposição de um debatedor ligado ao tema. Por exemplo, se o treinamento refere-se à liderança, um especialista no assunto certamente pode ajudar muito na condução do debate e no esclarecimento de dúvidas.

— Em seguida, o debate com os participantes deve ser aberta. Um dos aspectos mais ricos do programa é a percepção de cada um sobre o filme e os temas em questão. O debate é fundamental e a melhor utilização do *layout* da sala é em círculo.

— É importante programar bem o tempo, levando em conta a duração do filme e a parte destinada ao debate.

— Sugerimos que os pontos discutidos sejam anotados e posteriormente distribuídos para todos. Esta anotação também será um material importante para o facilitador nas sessões seguintes do filme.

— Ressaltamos a importância de não deixar de exibir os créditos aos diretores, atores, produtores e demais componentes da equipe que realizaram a obra.

Cumpre destacar ainda que as sugestões de filmes indicados neste livro não esgotam o assunto. Além de existirem muitos outros que podem ser trabalhados com os temas aqui sugeridos, os próprios filmes indicados podem igualmente conter muitos elementos de análise para outros assuntos.

Por fim, a utilização de filmes em desenvolvimento tem comprovado cada vez mais uma tese aceita por críticos, historiadores e estudiosos do cinema: "cada espectador vê um filme", ou seja, é da história de vida e padrões de cada pessoa que surgem as percepções de uma obra em geral e, no caso específico deste livro, de uma obra cinematográfica.

4. Seleção de Cenas

O ideal é exibir o filme na íntegra. Alguns filmes permitem que sejam extraídas algumas cenas para ilustrar uma palestra ou uma situação de trabalho, mas, em outros, a retirada de uma cena, desvinculada do contexto, pode comprometer muito a compreensão e a clareza da mensagem que o diretor pretende passar. Outros, inclusive pela força de sua proposta e pela continuidade dos diálogos ao longo da trama, tornam desaconselhável a extração de cenas.

A realização de um filme, a trama e as cenas que o compõem, é um trabalho que exige interação entre todas as pessoas envolvidas.

Em uma breve abordagem de um dos elementos mais importantes de um filme, o trabalho do roteirista, a complexidade do cinema fica evidente.

Como o nome antecipa, o roteiro é o guia, o caminho, enfim, a bússola da história contada em imagens, diálogos e descrição no contexto da estrutura dramática. Além de ser o instrumento-chave para os outros profissionais que compõem a equipe basearem e planejarem o trabalho, o roteiro possibilita a pré-visualização do filme por parte do diretor, dos atores, dos técnicos e dos possíveis financiadores.

A partir de um roteiro, é escolhido o elenco e são criadas as características de cada personagem, as composições visuais da fotografia, a trilha sonora, os efeitos especiais, os figurinos, os trabalhos de cenografia, diálogos, quer dizer, todo o arcabouço necessário para o desenvolvimento da trama.

Este breve comentário acerca de um dos elementos básicos do cinema já nos permite ter uma noção do trabalho complexo que é a realização de um filme, bem como os cuidados que são recomendáveis para sua utilização.

Por outro lado, sabemos que muitas vezes não há tempo disponível para exibir o filme na íntegra e, em última análise, seria uma perda não aproveitar o potencial de determinada cena para enriquecermos nosso treinamento ou ilustrarmos nossas palestras.

Nessas circunstâncias, as seleções de cenas são opções válidas e resolvem em parte a questão, cada vez mais premente em nossas vidas, que é a do tempo. No entanto, se for preciso e o facilitador quiser exibir cenas relacionadas ao tema que está sendo trabalhado, sugerimos alguns pontos importantes para se ter em mente:

4.1 – As cenas selecionadas devem se referir ao tema central do qual o filme trata. Sabemos que existem muitos filmes nos quais cenas isoladas podem ser utilizadas em algum outro tema diferente do escopo principal.

4.2 – O cinema resulta de um trabalho coletivo e orgânico e exige empenho criterioso de toda a equipe a fim de que a obra acabada tenha sequências harmônicas e coerentes com o tema originalmente concebido. Assim, ao selecionarmos cenas para utilização em outros temas, precisamos nos certificar de que elas não venham a adquirir outro sentido, muitas vezes alterando a concepção formulada pela equipe do projeto. Em outras palavras, e levando o assunto para um campo distinto, é como se um parágrafo de um texto colocado em outro contexto, alterando o sentido pretendido.

4.3 – Por último, há filmes que só devem ser exibidos na íntegra, a fim de não comprometer a mensagem que os realizadores quiseram transmitir. Entre muitos, o clássico 12 Homens e uma Sentença, de Sidney Lumet, é um bom exemplo. Trata-se de um filme cujo roteiro está apoiado num suspense com cenas e diálogos que se intercalam uns com os outros, e cujos personagens vão transmitindo ao espectador ao longo da história suas personalidades e motivações. Somente a visão contínua e total do filme permite expressar uma abordagem completa e detalhada da mensagem.

4.4 – Com as considerações expostas, damos algumas sugestões, as quais procuramos seguir, no caso da exibição isolada de cena ou cenas ligadas ao tema principal do filme:

4.4.1 – Assistir previamente ao filme na íntegra.

4.4.2 – Verificar se os temas que serão abordados estão relacionados diretamente ao objetivo central do filme.

4.4.3 – Descrever para os participantes uma boa sinopse do filme, acrescida de outros dados que possam ajudar na compreensão da intenção e do espírito da obra.

4.4.4 – Assegurar-se de que todos entenderam do que a história trata.

4 4.5 – Descrever cada cena que será exibida.

4.4.6 – Exibir a cena e debater com o grupo os aspectos que ela aborda e sua transposição para o cotidiano das organizações.

4.4.7 – Procurar sempre relacionar os temas debatidos com o escopo principal do filme.

5. Autorizações

O(s) produtor(es) são os detentores dos direitos do filme. A ele(s) deve ser pedida autorização para sua utilização bem como realizados os entendimentos e negociações que se fizerem necessários.

O Filme como Objeto de Análise e Debate

140

Sinopse

Dirigido pelo irlandês Frank Kelly, o filme 140 partiu de uma inspiração vinda totalmente do Twitter.

Kelly pediu a 140 pessoas de 23 países que às 20h (horário GMT) do dia 21 de junho de 2009, filmassem durante 140 segundos alguma coisa que tivesse a ver com o tema "Conexão".

A intenção foi criar um fluxo de ideias e imagens sobre a conectividade, o compartilhamento de informações, enfim, uma forma de trazer à tona, através do cinema, canais de comunicação destinados a disseminar e enriquecer iniciativas culturais.

Os temas filmados, como esperado, foram extremamente diversificados: muita coisa ligada à natureza, estradas, pontes, gastronomia, esoterismo, plataforma de ideias, proposta de casamento, uma mulher islâmica rezando e até o próprio processo de criação. Houve a participação de quatro brasileiros e um deles filmou uma conexão entre o Cristo Redentor e as pessoas que foram visitá-lo naquele dia.

Kelly diz que ele mesmo ficou surpreso por ter conseguido coordenar 140 pessoas do mundo inteiro tão rapidamente e depois sincronizá-las para filmar juntas, algo que teria sido impossível há 10 anos, por exemplo.

"Eu queria pedir a cada uma delas um exemplo do que as conecta ao seu lar, às pessoas ao seu redor, ao seu local de origem, à comunidade em que vivem, enfim, o que as conecta com o mundo", afirma.

Para ele, os seres humanos possuem semelhanças universais, mas cada pessoa tem sua individualidade. E a Internet possibilita celebrar essa diversidade, além de permitir partilhar mais e derrubar barreiras estabelecidas pela distância, geografia, raça, religião e cultura.

Temas

Conexão, comunicação, compartilhamento, criatividade, culturas, diversidade, interação, mundo real e virtual, paradigmas, potencial, redes sociais, tecnologia.

Saiba Mais Sobre o Filme

Todo o filme foi produzido através da Internet: e-mail, Facebook e Twitter.

O diretor é autor do premiadíssimo curta-metragem A Canção de Emília, sobre dois irmãos que ajudam o pai a superar a morte da mulher.

Transposição

É sempre perigoso nos dias atuais indicar um filme diretamente ligado à Internet, onde a velocidade das mudanças atinge um dos seus ápices. Num rápido olhar para um passado recente, e apenas focalizando as redes sociais, verificamos quantas surgiram, floresceram e já não estão mais aí. Nem é preciso citar: os exemplos são muitos.

Assim, ao se falar da transposição de um filme focado no Twitter há o risco de rapidamente termos um tema datado. Os objetivos de indicar este filme, no entanto, não foram apenas as redes sociais ou qualquer tecnologia de ponta, mas um fenômeno muito mais antigo e que, certamente, sempre existirá e com importância crescente chamado Conexão. Fazendo essa observação e nos abstendo das eventuais obsolescências da obra, sugerimos que o filme seja analisado com essa ressalva e com os temas que suscita no seu entorno, tais como:

1 – O mundo contemporâneo impõe novas posturas e demandas nas quais Conexão é palavra-chave. Conexão entre nós e outros, entre nossos pensamentos e nossas ações, entre as empresas e entre o que acontece fora dos seus muros. Isso exige que as corporações cada vez mais aprimorem o diálogo com empregados, consumidores, fornecedores, clientes, comunidade e com a sociedade de modo geral.

2 – Outro ponto – também ligado ao termo – se refere ao mundo interconectado da comunicação, da cultura e do cinema. O fenômeno do conhecimento transversal, que pressupõe a convergência de áreas de conhecimento, tem sido uma prova cada vez maior de que o mundo da comunicação e do cinema são áreas que se agregam e se complementam num todo maior e muito rico.

3 – Tecnologia *versus* comunicação. A eliminação de preconceitos, quebra de paradigmas, o respeito à diversidade e, principalmente – como alerta o pensador Ikujiro Nonaka –, o entendimento de que o processo de comunicação apoia-se muito mais em canais adequados do que propriamente na tecnologia é hoje fator fundamental a ser considerado no mundo dos gestores.

4 – Vale também uma reflexão sobre a globalização e a consequente importância do multiculturalismo. Assim como a proposta do filme, o ambiente de trabalho também se torna a cada dia mais multicultural. A capacidade de atuar em contextos globais diferenciados é uma competência essencial nos dias atuais. Os povos e culturas estão fisicamente mais próximos; a tecnologia encurta distâncias e amplia os canais de comunicação; barreiras e fronteiras são algo do passado.

5 – Outro aspecto seria um debate sobre valor das redes sociais atuais – como Facebook, linkedin, instagram, Twitter e outras que certamente virão e que se tornaram uma ferramenta-chave dos profissionais e gerentes no mundo atual.

6 – O tema também remete ao conceito de Henry Jenkins sobre a cultura da convergência, que está mudando o modo de encarar a produção de conteúdo em todo o mundo. Segundo o autor, estamos inseridos numa grande comunidade de produção coletiva do conhecimento e também de cultura.

Ficha Técnica

Título original: 140
Título da tradução brasileira: 140
Ano: 2010
País: Irlanda
Direção e Roteiro: Frank Kelly
Fotografia: Michael Lloyd

Edição: Frank Kelly
Música: Dermot O'Mahony
Produção: Frank Kelly e Elliot V. Kotek
Gênero: Documentário
Duração: 80 minutos

Amor sem Escalas

Sinopse

O filme é a história de Ryan Bingham, um executivo de 35 anos que trabalha numa organização como especialista em transição. Na verdade, ele é encarregado de demitir pessoas, em várias regiões do país, assumindo o papel de empresas em crise, mas que politicamente não tem coragem de dispensá-las.

Ryan parece satisfeito com o ritmo e a rotina de sua vida, a maior parte do tempo em aeroportos, hotéis, carregado de cartões de créditos, bônus e brindes das empresas que utiliza para suas locomoções e estadias.

A vida dele muda quando conhece uma executiva com vida semelhante à dele, e com a chegada de uma jovem que sugere a substituição das viagens para demissões presenciais por demissões virtuais, ameaçando a rotina e o próprio emprego de Ryan.

Temas

Demissões, dispensas coletivas, valores, delegação, ética, respeito, desemprego, recomeço, mundo virtual, acompanhamento do processo seletivo, redução de pessoal/otimização interna, transparência, processo de comunicação adequado, relações efêmeras, velocidade como um valor supremo, conexões humanas sem significado.

Saiba Mais Sobre o Filme

Amor sem Escalas foi adaptado do livro *Up in the Air*, de Walter Kim, pelo roteirista Sheldon Turner e pelo diretor Jason Reitman.

A escolha de George Clooney para interpretar Ryan foi muito apoiada na necessidade de escolher um ator com carisma e que contribuísse para que o personagem tivesse a compreensão e a simpatia dos espectadores em torno de seu comportamento.

A cena de abertura, com uma panorâmica de várias cidades, é extremamente sugestiva acerca do tema central do filme.

A trilha sonora é ótima e, em muitos momentos, sugere o direcionamento da trama.

Grande parte dos entrevistados são pessoas que, de fato, haviam sido demitidas de seus empregos. Elas foram orientadas pelo diretor a falar o que não puderam expressar no momento em que foram dispensadas.

O título romântico que foi dado para o filme em português não transmite o verdadeiro objetivo do roteiro que, embora tenha momentos leves, aborda assuntos da maior seriedade.

Transposição

Considerando a amplitude dos temas que podem ser discutidos, uma sugestão seria situar o debate em alguns tópicos, conforme abaixo.

1 – A questão das demissões em seus diversos aspectos – individual, coletivo, decorrente de projetos de redução, de fusões, aquisições e reestruturações – e tudo que precisa ser levado em conta nesses momentos, tais como transparência, respeito, dignidade, critérios e processo de comunicação adequado.

2 – No caso de fusões e aquisições, análise sobre os desafios de integrar diferentes culturas, de modo a não comprometer a disseminação dos valores da organização.

3 – Os vários tipos de pressão não só daqueles que serão diretamente afetados pela situação, mas também dos que ficam e precisam ser considerados.

4 – Proteção da marca e da imagem. Debate sobre os cuidados que devem ser tomados com a imagem da empresa no caso de demis-

sões coletivas e/ou individuais (muitas vezes casos de altos executivos), bem como o consequente estreitamento e a retomada das relações com os diversos públicos, tais como empregados, fornecedores, clientes, mídia e outros.

5 – A conscientização de que a demissão pode representar um recomeço ou uma mudança, muitas vezes até para melhor. Ela pode representar um momento de reflexão para reavaliação pelos envolvidos de vários aspectos: se gostavam do que faziam, se a empresa era a que queriam, novos planos, montar um negócio próprio ou investir em uma outra carreira que, em função de circunstâncias, havia ficado apenas na intenção.

6 – Aspectos que caracterizam pessoas da Geração Y, tais como boa autoestima, motivação por coisas que fazem sentido, enfrentamento de obstáculos com maior naturalidade, habilidades em informática e em tecnologias digitais, aversão às hierarquias rígidas, sugestões inovadoras e vivência em redes.

7 – As características do personagem principal do filme: suas relações efêmeras, o não comprometimento familiar, a fixação em cartões de crédito, as milhas e os bônus, o teor das palestras que ministrava e sua rejeição a qualquer envolvimento mais duradouro ou afetivo e, ao final, a conscientização sobre o significado e o sentido de sua vida.

Destaques

A montagem de Amor sem Escalas é ótima, fazendo com que todas as cenas do filme sejam importantes para a trama. No entanto, com o foco específico na área de gestão algumas sequências, como as abaixo, possibilitam um profícuo debate sobre temas relacionados com demissões, Geração Y, mundo real e virtual.

– Sequência com vários processos de dispensas (entre três e nove minutos).
– Apresentação da recém-chegada jovem Natalie e a exposição que ela faz para empregados mais antigos e graduados na organização, entre eles o personagem Ryan (entre 20 e 27 minutos).

– Cenas em que Natalie discute a relação de Ryan com Alex e a sequência numa empresa onde ambos farão um teste demitindo pessoas de forma virtual (entre 60 e 70 minutos).

Ficha Técnica

Título original: Up in the Air
Título da tradução brasileira: Amor sem escalas
Ano: 2009
País: Estados Unidos
Direção: Jason Reitman
Roteiro: Sheldon Turner e Jason Reitman
Fotografia: Eric Steelberg
Edição: Dana E. Glauberman
Música: Rolfe Kent
Elenco Principal: George Clooney, Vera Farmiga, Anna Kendrik
Gênero: Drama
Duração: 109 minutos

À Procura da Felicidade

Sinopse

O filme é a história real de Chris Gardner (Will Smith), um vendedor que enfrenta uma série de obstáculos aparentemente intransponíveis, mas com força de vontade superior a de todos.

Passando por sérias dificuldades financeiras, Chris foi abandonado pela esposa, precisa cuidar de Christopher, seu filho de cinco anos, e ainda trabalhar como vendedor para sobreviver.

Na busca de um emprego melhor e um salário mais digno, ele tenta uma vaga de estagiário – sem remuneração – numa corretora de ações, na esperança que ao final do programa seja contratado.

Após o difícil período de estágio, Chris finalmente tem a confirmação que conseguiu sua efetivação no cargo pretendido. Mas até chegar esse dia, ele passa por toda sorte de adversidades lutando para pagar o aluguel e as comprasdo supermercado e garantir um mínimo de dignidade para ele e seu filho.

O filme é, acima de tudo, a trajetória de um homem que não desiste de realizar sua meta, mesmo que aparentemente pareça impossível.

A história mostra como a força de vontade pode provocar uma grande transformação e a importância de pessoas como Chris, um verdadeiro exemplo de persistência.

Temas

Abdicação, aprendizagem, aproveitamento das oportunidades, autoconfiança, confiança, conflito, competição, desafio, discriminação, equilíbrio emocional, esperança, ética, inspiração, integridade, modelos mentais, motivação, paradigmas, potencial, preconceito, quociente de adversidade, persistência, reconhecimento, resiliência, significado do trabalho, sonhos, superação, talento, valores.

Saiba Mais Sobre o Filme

A química perfeita entre pai e filho é levada à tela naturalmente, já que o ator mirim, Jaden Smith, é filho de Will na vida real.

O verdadeiro Chris Gardner tem uma breve aparição no final do filme, quando o personagem caminha com seu filho no alto de uma colina. Naquele momento, eles cruzam com o Chris da vida real, aquele em cuja história o filme inspira-se.

Os moradores de rua onde o filme foi locado e participaram das filmagens receberam alimentos e um valor em dinheiro por hora trabalhada.

Will Smith foi indicado ao Oscar de melhor ator e Jaden Smith ganhou o *MTV Movies Award* como coadjuvante.

O erro ortográfico do título original (Happyness ao invés de Happiness) foi proposital. Numa cena do filme, a palavra aparece escrita em grafite dessa forma.

Transposição

O filme é tematicamente muito rico, não somente sob o ponto de vista do cinema, mas também na possibilidade de transposição para o mundo corporativo. Após sua exibição, de preferência na íntegra, sugerimos um debate em torno dos seguintes aspectos:

1 – A incrível persistência de Chris, sua autoconfiança e a consciência de que o problema em si era menos importante do que a atitude que tomaria em relação ao mesmo.

2 – Assim, foi criativo na busca de relacionamentos que o poderiam ajudar; encarou cada dificuldade de frente, encontrando formas de solucioná-las; compreendeu que os obstáculos o fariam sair da zona de conforto, mas, em última análise, proporcionariam crescimento; e, acima de tudo, teve a coragem para lutar e superar as adversidades.

3 – Chris acreditava no seu potencial para alcançar objetivos e, diante de tanta adversidade, não abdicou de seus valores básicos e de sua conduta moral.

4 – A necessidade de os profissionais de recursos humanos visualizarem oportunidades em cenários adversos, ocuparem espaços na organização e não esmorecerem diante dos problemas, das incertezas, ameaças e discriminações.

5 – O conceito de resiliência, que mostra o exemplo de pessoas que não esmorecem na conquista dos seus objetivos, mesmo quando submetidas a pressões e adversidades.

Destaques

A sequência da entrevista na corretora e o empenho de Chris quando se inscreve num programa altamente competitivo no qual somente um em cada vinte candidatos seria efetivado. Observem as atitudes ousadas e fora do convencional adotadas por ele.

A cena em que aconselha o filho a proteger os seus sonhos e jamais deixar que outros o subestimem, ou digam que ele não é capaz de algo.

Ficha Técnica

Título Original: The Pursuit of Happyness
Título em português: À Procura da Felicidade
País: Estados Unidos
Ano: 2006
Direção: Gabrielle Muccini
Roteiro: Steve Conrad
Cinematografia: Phedon Papamichael

Música: Andrea Guerra
Elenco Principal: Will Smith, Jaden Smith, Thandie Newton, Brian Howe, outros
Gênero: Drama
Duração: 117 minutos

As Aventuras de Pi

Sinopse

O filme é a história de Pi (simplificação de *Piscine Molitor Patel*), um adolescente indiano de 16 anos, filho do dono de um zoológico e que, por isso, tem um grande conhecimento do comportamento animal.

Um dia a família de Pi decide emigrar da Índia para a América do Norte em um navio de carga levando alguns animais do zoo.

Ocorre uma tormenta, o barco naufraga, Pi vai parar num bote à deriva no Oceano Pacífico e terá por companhia uma zebra, uma hiena, um orangotango e um tigre de bengala de 200 quilos chamado Richard Parker, todos lutando pela sobrevivência.

Com imagens deslumbrantes, As Aventuras de Pi é uma fábula carregada de significado espiritual, uma jornada física e mística, num filme que é um conto de fé, esperança e luta pela sobrevivência. Em última análise, traz uma história surreal e utópica, mas, ao mesmo tempo, incrivelmente em sintonia com o real.

Temas

Aspectos filosóficos e teológicos, controle emocional, coragem, crescimento, criatividade, crise, estratégia, persistência, resiliência, sobrevivência, superação, tenacidade, tecnologia.

Saiba Mais Sobre o Filme

A história é baseada no livro de Yann Martel publicado em 2001. Há uma polêmica, não totalmente esclarecida, sobre um possível plágio da obra de Martel ao livro *Max e os Felinos*, do escritor brasileiro Moacyr Scliar. Martel faz um agradecimento no livro pela inspiração. Scliar, por sua vez, embora insuflado a seguir o caminho dos tribunais, preferiu não fazê-lo e deu o caso por encerrado.

Polêmicas à parte, a adaptação para as telas não foi uma tarefa fácil. O próprio escritor disse que, embora considerasse a história bastante cinemática, achava que era complicada demais para ser filmada e não esperava que seu livro pudesse chegar às telas.

O diretor colheu muitos elementos com Steve Callahan, um homem que conseguiu sobreviver no mar por 77 dias e também escreveu um livro – *Adrift* – sobre o assunto.

Pi é interpretado pelo estreante Suraj Sharma, que tem um excelente desempenho vivendo o personagem. O ator venceu três mil candidatos inscritos para o papel.

O lendário ator francês Gérard Depardieu tem uma pequena participação no filme interpretando El Chef.

O tigre é fruto de um trabalho primoroso de computação gráfica. Utilizando quatro tigres verdadeiros, a equipe de efeitos especiais conseguiu um resultado incrivelmente próximo do real.

O filme foi um projeto altamente arriscado de Lee, principalmente depois de o cineasta de tantos sucessos não ter sido muito bem-sucedido com Aconteceu em Woodstock (2009).

As Aventuras de Pi recebeu vários prêmios no Oscar 2012: melhor diretor para Ang Lee, melhores efeitos visuais, melhor fotografia e melhor trilha sonora para Mychael Danna.

Transposição

Pi não é um executivo e sua batalha de superação não aconteceu numa empresa, mas a história dele pode ser uma boa metáfora para debater vários aspectos presentes no mundo corporativo. Vamos sugerir alguns, com a ressalva de que o filme certamente suscitará percepções bastante diferenciadas dos participantes, e que valem ser analisadas.

1 – Um debate em torno da coragem, persistência e tenacidade para superar obstáculos difíceis.

2 – As declarações de Callahan, que viveu experiência semelhante e foi um dos consultores do filme, ao contar que quando se sentiu abandonado no barco, sentiu emoções mais fortes e adquiriu forças que não imaginava ter. A afirmação remete ao chamado Quociente de Adversidade proposto por Paul Stoltz, o qual mede a capacidade que temos diante de situações adversas. Segundo Stoltz, nosso potencial disponível pode ser muito maior do que imaginamos, além de cada pessoa reagir de forma e intensidade diferentes.

3 – Com o personagem em mente – que em nenhum momento esmoreceu – e trazendo o tema para o ambiente organizacional, onde dificuldades e situações inesperadas são constantes, vale uma reflexão sobre o fato de o caminho do êxito poder ser alcançado com persistência e a partir de estratégias adequadas.

4 – Quando a dura realidade é inevitável, destrói nosso emocional e pode nos expor à desesperança. Temos várias ferramentas para lidar com a situação e elas vão desde a negação e desistência até a aceitação e luta. O debate pode incluir os vários simbolismos expostos no filme sobre destino, sentido da vida e capacidade de lidarmos com traumas de forma positiva.

5 – O protagonista era um jovem ligado à espiritualidade, praticava diversas religiões, ao contrário de seu pai, um ateu casado com uma religiosa e bastante pragmático. Na adolescência, Pi havia migrado do hinduísmo ao cristianismo e deste para o islamismo. O diretor trata da fé como "uma casa com muitos quartos". Acreditar é o que importa, evidenciando que, em última analise, há muitos caminhos para se atingir o mesmo ponto.

6 – O naufrágio deixa o personagem física e simbolicamente à deriva, levando-o a se livrar de muitas amarras e encontrar o caminho do crescimento. É uma perfeita analogia com o ambiente empresarial e com nossa vida pessoal e profissional, nos momentos em que nos sentimos

"à deriva" e quando é importante abandonarmos modelos mentais para buscarmos coisas que tragam novos significados.

7 – O tigre, apesar de ser uma constante ameaça, era também uma espécie de foco motivacional para Pi, que o fazia não perder de vista seu propósito.

8 – A história é narrada por Pi já adulto a um escritor canadense- muitos anos depois do naufrágio. É a memória que está na cabeça do protagonista e no modo como ele escolhe contar para seu interlocutor. Vale um debate sobre a forma como cada um de nós relataria episódio (s) de nossas vidas e que certamente seria diferenciada, dependendo de como reagimos e como fomos afetados por eles.

Ficha Técnica

Título original: The Life of Pi
Titulo da tradução brasileira: As Aventuras de Pi
Ano: 2012
País: Estados Unidos
Direção: Ang Lee
Roteiro: David Magee
Fotografia: Claudio Miranda
Edição: Tim Squyres
Música: Michael Danna
Elenco Principal: Suraj Sharma, Irrfan Khan, Adil Hussain,
   Tabú, Gérard Depardieu
Produção: Fox 2000 Pictures
Gênero: Aventura / Drama / Fantasia
Duração: 127 minutos

A Conquista da Honra
e Cartas de Iwo Jima

Os dois filmes foram dirigidos pelo mesmo diretor (Clint Eastwood), no mesmo ano e enfocam percepções diferenciadas para o mesmo tema. Por essa razão, optamos por apresentá-los juntos.

A Conquista da Honra

Sinopse

Iwo Jima, uma ilha japonesa do Pacífico, foi palco de uma das batalhas mais dramáticas da guerra entre americanos e japoneses. Para os primeiros, o objetivo era conquistar a primeira posição estratégica próxima ao Japão. Para os japoneses, era questão de honra evitar, a qualquer preço, a entrada dos americanos em solo japonês.

O diretor utilizou o mesmo episódio passado na ilha de Iwo Jima para expor dois pontos de vista: o dos americanos neste filme e o dos japoneses em Cartas de Iwo Jima (veja abaixo).

A Conquista da Honra mostra a história real dos seis soldados que ergueram a bandeira norte-americana na batalha de Iwo Jima, decisiva na Segunda Guerra Mundial. A produção foca os dramas vividos por alguns membros do exército norte-americano que estiveram presentes na ilha japonesa e, após erguerem a bandeira, seguiram numa espécie de turnê nos Estados Unidos a fim de angariar fundos para conseguir manter o exército do país no Japão, mantendo o conflito mundial.

Saiba Mais Sobre o Filme

O filme parte da famosa foto de Joe Rosenthal de seis soldados fincando o mastro da bandeira americana no topo de um monte.

James Bradley, filho de um deles, é o autor do livro no qual o filme baseia-se e foca os dramas vividos por membros do exército americano que estiveram na ilha japonesa.

Cartas de Iwo Jima

Sinopse

O filme – que expõe o ponto de vista dos japoneses para o mesmo episódio – partiu das cartas, encontradas na ilha recebidas pelos soldados de suas famílias e as que os combatentes escreveram e não puderam ser enviadas. Eles pararam de receber suprimentos e sabiam que não voltariam para o Japão. Dos 22 mil soldados japoneses, 21 mil morreram e os mil sobreviventes foram presos.

Saiba Mais Sobre os Filmes

As imagens esmaecidas são propositais, evitando tons que exaltem a vitória de poderosos e procurando questionar o que é realmente um herói.

Em ambos os filmes esse "herói" mostra-se humanizado, fragilizado e distante da figura do super homem endeusado nas medalhas das condecorações, mas que no fundo, e em qualquer contexto, pode ser também uma vítima.

Temas

Comando, conflito, cultura, decisão, estratégia, heroísmo, humanismo, inovação, liderança, propaganda, solidariedade.

Transposição

1 – A sessão com os dois filmes – que não precisa e é até aconselhável não ocorrer no mesmo dia –, além de permitir o debate de vários temas do mundo corporativo, ressalta que qualquer fato pode ter mais de um ponto de vista.

2 – Um dos objetivos da proposta do diretor é o questionamento do que realmente seja um herói. Mas na transposição para o ambiente organizacional ambos os filmes propiciam também uma reflexão profunda sobre a diferença de percepções e a importância de ver os dois lados e todos os ângulos de um mesmo fato.

Fichas Técnicas

Título original: Flags of our Fathers
Título da tradução brasileira: A Conquista da Honra
Ano: 2006
País: Estados Unidos
Direção: Clint Eastwood
Roteiro: William Broyles Jr, Paul Haggis e James Bradley
Fotografia: Tom Stern
Edição: Joel Cox
Música: Clint Eastwood

Elenco Principal: Ryan Phillippe, Jesse Bradford,
    Adam Beach, John Benjamin Hickey, John Slattery, Barry Pepper
Produção: Malpaso Productions e Dream Works SKG
Gênero: Drama de guerra
Duração: 132 minutos

Título original: Letters from Iwo Jima
Título da tradução brasileira: Cartas de Iwo Jima
Ano: 2006
País: Estados Unidos
Direção: Clint Eastwood
Roteiro: Iris Yamashita, Paul Haggis, Tadamichi Kuribayashi
    e Tsuyoko Yoshido
Fotografia: Tom Stern
Edição: Joel Cox e Gary D. Roach
Música: Kyle Eastwood e Michael Stevens

Elenco Principal: Ken Watanabe, Kazunari Ninomiya, Tsuyoshi Ihara, Ryo Kase, Shidou Nakamura, Hiroshi, Watanabe, Takumi Bando, Yuki Matsuzaki
Produção: Malpaso Productions e DreamWorks SKG
Gênero: Drama de guerra
Duração: 140 minutos

César Deve Morrer

Sinopse

Dirigido por Paolo e Vittorio Taviani, César deve Morrer é um drama documental em torno da peça Júlio Cesar, de William Shakespeare.

O grande diferencial do filme é o elenco, constituído por prisioneiros do centro carcerário de segurança máxima de Rebibbia, subúrbio ao norte de Roma.

Os irmãos diretores tiveram a ideia quando um amigo comum que foi assistir a uma peça (Inferno de Dante) na mesma prisão de Rebbibia, contou que foi às lágrimas porque os prisioneiros que a encenavam pareciam falar por si próprios e externar o que aquela prisão significava para eles.

No filme dos Taviani, os detentos também expressam seus sentimentos pessoais através dos personagens. Os próprios diretores direcionaram o roteiro incluindo um pouco de suas vidas, suas coisas pessoais e o trauma da prisão.

Os Taviani optaram por filmar em preto e branco porque queriam priorizar a alma dos prisioneiros, suas cores internas. Segundo explicaram, a cor é realista demais e evidenciaria ainda mais as situações já extremamente complexas que existem na prisão.

O filme faz uma desconstrução extremamente criativa da peça de Shakespeare, numa inovadora adaptação para o cinema que procura ir além da obra do autor.

Temas

Arte, assunção de riscos, criatividade, dignidade, inovação, motivação, orgulho, paradigmas, potencial de recuperação, reintegração, respeito, seleção, solidariedade, sonhos, superação, talento, valores.

Saiba Mais Sobre o Filme

César Deve Morrer ganhou o Urso de Ouro e o Prêmio do Júri Ecumênico, na 62ª edição do Festival de Berlim, um dos eventos cinematográficos mais importantes do mundo.

Paolo e Vittorio passaram seis meses fazendo ensaios para a produção.

Sempre lembrados pelo clássico Pai Patrão, que concorreu à Palma em Cannes, em 1982, este é um filme diferente na carreira dos diretores, que já realizaram 21 trabalhos juntos, incluindo um curta-metragem em suas estreias e dois documentários.

Embora só lhes tenha sido permitido atuar – os detentos não obtiveram autorização para ir aos lançamentos e premiações do filme – o trabalho artístico os transformou em pessoas melhores, com maior autoestima, dignidade, direito ao respeito e lhes deu uma nova motivação para a vida. Alguns condenados por crimes menos pesados já foram perdoados e viraram atores da televisão, cinema ou teatro. Outros continuam cumprindo suas penas.

Em dezembro de 2011, numa forma de sensibilizar as autoridades governamentais na adoção de medidas para melhorar as condições prisionais, o Papa Bento XVI dedicou sua visita natalina ao presídio de Rebbibia.

Transposição

1 – O filme traz muitas lições ao possibilitar uma analogia entre pessoas que não podiam expressar seu talento por estarem "de fato" aprisionadas e aquelas que, mesmo em liberdade, muitas vezes se sentem impedidas de expressá-lo.

2 – O documentário não busca relação com os crimes que aqueles homens cometeram nas suas vidas reais. Na verdade, desenha paralelos

entre o drama clássico de Shakespeare e o mundo de hoje, descreve o envolvimento de cada um dos prisioneiros com o filme e comprova que, mesmo em situações adversas, existe espaço para motivar e influenciar o desempenho das pessoas.

3 – O filme demonstra também como a universalidade da linguagem do dramaturgo inglês ajudou os atores a entenderem os papéis e mergulharem em si próprios na peça que trata de liberdade, amizade, traição e poder.

4 – Após a apresentação, as portas das celas fecham por trás de César, Brutus e dos outros personagens. Mesmo de volta à realidade, os detentos demonstram orgulho, sentem-se reconhecidos e são estranhamente tocados, como se a encenação da peça, de alguma forma, amenizasse o drama de suas histórias pessoais.

5 – Sobre os critérios que utilizaram para compor o elenco, sabe-se que os Taviani visitaram a prisão e procuraram, de forma aleatória, selecionar alguns presos. Segundo contaram, o principal critério foi tentarem se afastar da condição de que estavam tratando com detentos e descobrir como eles eram enquanto pessoas.

6 – Após identificarem naquelas pessoas um potencial latente que talvez ficasse submerso, os próprios diretores ficaram extremamente surpresos ao ver como alguns se revelaram excelentes atores.

Destaques

É impressionante e com alta carga de emoção o desempenho dos prisioneiros/atores na cena em que Brutus fala do fato de ter matado Júlio Cesar.

Numa das sequências, quando a encenação de Julio Cesar termina, os atores são aclamados com um aplauso ensurdecedor (as peças podem ser vistas normalmente por espectadores convencionais). As luzes apagam-se, eles deixam o palco e voltam para suas celas. Um deles comenta: "desde que eu descobri a arte, esta cela transformou-se realmente numa prisão".

Ficha Técnica

Título original: Cesare Deve Morire
Título da tradução brasileira: César Deve Morrer
Ano: 2012
País: Itália
Direção e Roteiro: Paolo e Vittorio Taviani
Fotografia: Simone Zampagni
Edição: Roberto Perpignani
Música: Giuliano Taviani e Carmelo Travia
Elenco principal: Cosimo Rega, Salvatore Striano, Giovanni Arcuri e Antonio Frasca
Produção: Kaos Cinematográfica
Gênero: Docudrama
Duração: 76 minutos

Cisne Negro

Sinopse

O filme é a história de Nina, uma dedicada bailarina que vê na aposentadoria de Beth, a Prima Donna da companhia, a chance de assumir o posto mais importante de sua carreira. Ela é escolhida por Thomas, o gerenciador da peça, para substituí-la.

Seu aspecto virginal e dedicação à técnica são perfeitos para viver a moça encantada do Cisne Branco. Mas ela precisará descobrir como interpretar a cruel e sensual contraparte, o Cisne Negro.

No desenrolar da trama, Nina convive com a culpa por ter assumido o papel de Beth e se desespera no medo de perdê-lo para a novata Lily.

Assombrada por fantasias, subjugada pela mãe, reprimida sexualmente, ela vive cenas de terror reais e imaginárias.

Temas

Aposentadoria, carreira, competição, conflito, desafio, liderança, perfeccionismo, psicanálise, pressão, sucessão, superação, talento.

Saiba Mais Sobre o Filme

O Lago dos Cisnes, do compositor russo Tchaikovsky, é um dos balés mais conhecidos do mundo. A peça conta a história da princesa Odette que, tendo sido transformada em cisne, somente retoma sua verdadeira forma à noite. O príncipe Siegfried deseja romper o encantamento, escolhendo-a como esposa durante o baile do rei. Mas Rothbart, o bruxo maligno que a enfeitiçara, substitui Odette pela feiticeira Odile. Quando Seigfried descobre o engano, corre à floresta para declarar seu amor a Odette e a princesa o perdoa; mas o lago cresce sob a ira do bruxo, momento em que a peça atinge o auge de sua dramaticidade.

A peça é pano de fundo para o filme, mas o cerne da trama não é o balé em si. A história é um estudo sobre a psiqué de uma personagem sob uma pressão profissional e pessoal vinda de todos os lados, principalmente dela própria.

Para compor o clima pesado e até de suspense do filme, os realizadores optaram pela utilização do digital, cores sóbrias e por pouca luminosidade. Para isso, foi fundamental a fotografia de Matthew Libatique e a montagem adequada de Andrew Weisblum.

Cisne Negro foi indicado ao Oscar nas categorias de melhor filme, direção, edição e fotografia, e deu o prêmio de melhor atriz para Natalie Portman, que interpreta a protagonista.

Transposição

1 – Cisne Negro pode ser analisado por várias áreas: administração, gerência, psicologia, medicina, psiquiatria, psicanálise, artística (dança / balé); e também por diversos prismas: medo, paranoia, obsessão, insegurança, pressão, inveja, opção sexual, transgressão, decadência e outros. Isso possibilita que a reflexão e o debate sejam direcionados de acordo com o viés e a área que estão realizando o programa.

2 – Um tema forte para o debate, sempre presente no mundo corporativo, é a questão da competitividade presente também na história e com muita ênfase na mente da personagem. Nina vive momentos de extrema tensão, mesclando aspectos imaginários e aqueles que de fato fazem parte da realidade.

3 – A personagem tinha uma técnica acurada para dançar, mas não conseguia colocar emoção e sentimentos em sua arte. O fato pode ser constatado nas organizações nas quais pessoas privilegiam a racionalidade, mas não conseguem muitas vezes juntá-la a outros sentimentos importantes como intuição, emoção e espiritualidade.

4 – Um debate muito interessante pode ser suscitado em torno da mãe da protagonista, que renunciou à sua carreira por causa da filha e quer vê-la alcançar o sucesso que ela mesma não conseguiu. Transpondo para as organizações, possibilita um debate sobre a importância de não desistirmos de dar continuidade a uma carreira se temos aptidão e talento para ela.

5 – Sugerimos uma reflexão sobre as características dos personagens principais – a insegurança e as emoções fantasiosas de Nina; a mãe recalcada e opressora; o estilo gerencial de Thomas e seu comportamento autoritário que tornava ainda maior o clima de competitividade perversa entre as bailarinas da companhia – seguida de debate com exemplos semelhantes no ambiente organizacional.

Destaques

Para melhor percepção da trama, é importante que o filme seja exibido na íntegra. Chamamos, no entanto, a atenção para algumas sequências.

Cenas iniciais em torno de sete minutos, mostrando o semblante preocupado de Nina no momento em que a novata Lily chega à companhia para o seu primeiro dia de trabalho.

Em duas sequências – em torno de 14 minutos e depois aos 52 minutos –, cenas importantes para o contexto da trama mostram Nina ensaiando e Thomas avaliando o desempenho da moça.

Quase ao final do filme, em torno de 1 hora e 34 minutos, a sequência que mostra Nina dançando vestida de Cisne Negro e, logo após, recebendo os aplausos da plateia.

Ficha Técnica

Título original: Black Swan
Título da tradução brasileira: Cisne Negro
Ano: 2010
País: Estados Unidos
Direção: Darren Aronofsky
Roteiro: Mark Heyman e Andres Heinz
Fotografia: Matthew Libatique

Música: Clint Mansell
Edição: Andrew Weisblum
Elenco Principal: Natalie Portman, Mila Kunis, Vincent Cassel, Barbara Hershey, Winona Ryder e outros.
Gênero: Drama / Thriller
Produção: Fox Searchlight Pictures
Duração do filme: 108 minutos

O Contador de Histórias

Sinopse

O filme é a história real de Roberto Carlos Ramos, nascido em 1970 em Belo Horizonte, caçula de uma família pobre com muitos filhos. Um dia sua mãe, que vivia com eles numa casa modesta e passava por muitas dificuldades, tomou conhecimento de que o governo acolheria um membro de cada família na Febem, onde haveria a possibilidade de que ali ele tivesse um futuro melhor. Roberto, na época com seis anos de idade, é o filho escolhido para ser internado na instituição. Diferentemente, no entanto, do que ela imaginava e sonhava para o futuro dele, aos 13 anos ele já é considerado um caso perdido na Fundação.

Depois de inúmeras fugas, numa das vezes em que é recapturado, ele conhece Margherit, uma pedagoga francesa que estava fazendo uma pesquisa com crianças brasileiras.

Apesar da insistência da diretora da instituição para que ela desista de Roberto Carlos e estude o caso de outras crianças, Margherit tenta dar uma chance ao menino e, com afeto e paciência, vai conquistando sua confiança. O garoto que só conhecia maus tratos, violência e indiferença, tem em Margherit a única manifestação de amor e carinho nos últimos anos.

Contradizendo todas as expectativas, ela consegue com que ele se recupere e alcance uma nova perspectiva de vida: Roberto Carlos se forma em pedagogia, faz pós-graduação em literatura infantil e se torna um grande contador de histórias, hoje conhecido internacionalmente.

O filme enseja a reflexão e o debate de muitos aspectos do cotidiano das organizações, como superação de obstáculos, persistência, busca da essência pela mudança, amor e, como a aceitação do diferente e do desconhecido, pode levar a um patamar de quebra de padrões cristalizados e propiciar ações transformadoras.

Temas

Aprendizagem, confiança, conflito, diferenças, diversidade, educação, humanismo, modelos mentais, paradigmas, preconceito, solidariedade.

Saiba Mais Sobre o Filme

Prêmios: o filme concorreu ao Grande Prêmio do Cinema Brasileiro nas categorias de roteiro, fotografia, trilha sonora e ator coadjuvante para Chico Diaz.

Origem: a ideia da obra surgiu de forma doméstica. Numa noite de janeiro de 2002 o diretor, ao colocar o filho Nino para dormir, começou a ler um livro de história que ele ganhara da avó. No final tinha um resumo da vida do autor, que era o Roberto Carlos. A partir daí, ele tomou a decisão de fazer o filme.

Essência: o cerne do filme é a capacidade de transformação, que aconteceu devido a um encontro do menino de 13 anos na Febem com uma pedagoga francesa que não aceitou o diagnóstico de irrecuperável concedido ao menino pela instituição. Do lado dele, ao criar tantas histórias, acabou concebendo a própria história.

Outros excluídos socialmente como Fernando Ramos (de Pixote) e Sandro (do Ônibus 174), infelizmente não conseguiram escapar de um final trágico. O maior diferencial de Roberto Carlos foi ter tido um convívio familiar e uma boa formação até os seis anos de idade e, posteriormente, a chance de transformação possível pela mola afetiva de Marguerit.

Tom: o filme é perfeito na colocação do tema, apesar do tênue fio entre a exploração da questão institucional e o sentimentalismo. É um filme muito mais voltado para a questão humana do que sobre uma instituição. Não escorrega na pieguice e, como disse o diretor, esse objetivo é tão perseguido que ele chegou a pensar em não usar música, para segurar a emoção e dar o tom exato. É um filme sobre exclusão social, mas como acredita na possibilidade de transformação, caminha na contramão disso.

Transposição

O filme é muito rico e permite a transposição de inúmeros temas presentes no cotidiano das organizações e de nossas vidas como:

1 – O que impede ou dificulta a transformação de ideias, muitas vezes brilhantes, em iniciativas concretas? A reflexão e o debate possibilitam trabalhar alguns dos seguintes questionamentos:

- Por que é mais fácil falar do que fazer?
- O que devemos mudar para sermos mais coerentes entre o que falamos e o que fazemos?
- Como enxergar o que está visível para promover a mudança?
- Como rever padrões e mudar modelos mentais que impedem a ação?

2 – Apesar das dificuldades, Marguerit consegue transformar o padrão de comportamento do menino e protagoniza uma ação sustentável nos âmbito pessoal e social, iniciando um processo de mudança.

3 – A questão do preconceito, da educação, dos paradigmas, das incertezas, da inclusão, das diferenças individuais, da coerência entre o que pregamos e o que fazemos e, principalmente, a importância de não nos prendermos a modelos mentais do passado, como a chamada memória condenatória.

4 – A forma como Marguerit conseguiu a transformação de Roberto Carlos possibilita o debate sobre afetividade nas organizações no mundo de hoje. Muitas vezes uma transformação individual leva a uma transformação coletiva em cascata, resultando em efeito multiplicador.

5 – A importância de tratar cada pessoa como individualidade (diversidade e ser humano integral).

Destaques

As cenas iniciais do filme, quando Marguerit conhece Roberto Carlos na Febem e ouve da diretora que ele é irrecuperável, e insiste na ideia de dar ao menino uma nova chance de vida.

É na sequência, aos 31 minutos, que aparece um importante diálogo entre Marguerith e Roberto Carlos e ele passa a confiar nela e aceita contar sua história.

A sequência em torno de 1:24, quando Roberto Carlos, levado por Marguerith a um jogo de futebol, recorda do seu passado e imagina que os policiais não o deixarão entrar. As cenas mostram como, através do processo educativo e do amor, Marguerit vai vencendo o medo e as marcas que a vida tinha deixado no ex-interno da Febem.

A sequência em torno de 1:32, quando – após uma cena forte com Roberto Carlos, inconformado porque sua protetora vai voltar para França – Marguerit comunica que o levará junto com ela.

Cenas finais em torno 1:41, mostrando a trajetória de Roberto Carlos que, após voltar de Paris, se forma e passa a ser um contador de história conhecido internacionalmente. Hoje mantém uma casa em Belo Horizonte para ajudar crianças com vidas semelhantes a que ele teve.

Ficha Técnica

Título original: O Contador de Histórias
Ano: 2009
País: Brasil
Direção: Luiz Villaça
Roteiro: Maurício Arruda, José Roberto Torero,
  Mariana Veríssimo, Luiz Villaça
Fotografia: Lauro Escorel
Edição: Maria Altberg e Umberto Martins
Música: André Abujamra e Marcio Nigro
Elenco principal: Cleiton Santos, Paulinho Mendes,
  Maria de Medeiros, Ju Colombo, Teuda Bara, Marco Antonio,
  Malu Galli, Chico Diaz
Produção: Ramalho Filmes
Gênero: Drama
Duração: 100 minutos

Os Descendentes

Sinopse

O filme dirigido por Alexander Payne segue Matt King, um homem muito ocupado, marido indiferente e pai ausente. Sua vida, porém, tem uma reviravolta quando a mulher sofre um acidente e entra em coma.

Além disso, ele precisa decidir se vende uma propriedade que foi da família desde seus ancestrais e que pode torná-lo rico, mas impactar negativamente a qualidade da vida dos moradores da região.

A jornada empreendida por King é mostrada através da fragilidade dos seus relacionamentos e dos fracassos de sua vida.

Os personagens são seres que ainda estão vivendo no passado, em busca de uma saída e um novo equilíbrio para suas existências. Como definiu Payne, eles estão vivendo uma situação muito real, já que há momentos na vida das pessoas em que as coisas verdadeiramente não dão certo.

O filme expõe circunstâncias comuns na trajetória de muitas pessoas, com todas as fraquezas delas, qualidades e estratégias para contornar obstáculos e sobreviver.

Temas

Conflito, decisão, diálogo, equilíbrio entre vida pessoal e profissional, ética, gerações, legado, meio ambiente, memória, talento, relacionamento entre pais e filhos, sustentabilidade, valores.

Outros Dados Sobre o Filme

O filme é ambientado no Hawaii e baseado no livro *Homônimo* da escritora havaiana Kaui Hart Hemmings.

O ótimo desempenho de Clooney consegue transmitir, com muita competência, a profusão de sentimentos vividos pelo protagonista.

Os Descendentes ganhou o Oscar de roteiro adaptado e foi indicado ao prêmio nas categorias de melhor filme, direção, edição e de ator para Clooney.

Transposição para a Área de Gestão

São muitos os temas que podem ser transpostos para nosso cotidiano pessoal e profissional. Entre outros, destacamos:

1 – O personagem faz uma autocrítica quando assume sua equivocada escolha de se voltar totalmente para o trabalho em detrimento da família. Este é realmente um dos dilemas no atual mundo do trabalho: o equilíbrio entre vida pessoal e profissional, e rende um bom debate, no qual os participantes certamente trarão muitos exemplos de situações e experiências reais.

2 – Matt é o depositário da herança de seus ancestrais, no caso uma enorme reserva numa baía na ilha de Kauai. É pressionado por parentes para concluir a venda da propriedade que, por séculos, pertenceu à sua família. O negócio de meio bilhão de dólares é cobiçado por empreiteiros que pretendem construir *shopping centers* e *resorts* na área da reserva e está sendo cuidadosamente observado pela população que será seriamente afetada pela transação. Sugerimos um debate em torno da importância de determinadas decisões não visualizarem apenas o aspecto financeiro, mas também levarem em conta o equilíbrio entre valores ambientais, sociais e humanos.

3 – O relacionamento entre pais e filhos no passado e nos dias de hoje, nos quais o conflito de gerações é acentuado por novos valores, tecnologia e mudança acelerada.

4 – Com experiências reais trazidas pelos participantes vale uma reflexão sobre como, em muitos momentos de nossas vidas – pessoal e

profissional –, somos forçados a olhar e rever o passado e sobre como isso pode influir nas nossas decisões futuras. Até porque, em função das mudanças, vivências e necessidade de adaptação aos novos tempos, nossas convicções podem ser reavaliadas sem qualquer prejuízo de nossa imagem.

Ficha Técnica

Título original: The Descendants
Título da tradução brasileira: Os Descendentes
Direção: Alexander Payne
Ano: 2011
País: Estados Unidos
Roteiro: Alexander Payne, Nat Faxon e Jim Rash
Fotografia: Phedon Papamichael
Música: Rolfe Kent
Edição: Kevin Tent
Elenco Principal: George Clooney, Shailene Woodley, Amara Miller, Nick Krause, Rob Huebel, Robert Forster e outros.
Gênero: Drama
Produção: Fox Searchlight Pictures
Duração: 115 minutos

Os 12 Trabalhos

Sinopse

O filme é a história de Herácles, um jovem negro que vive na periferia de São Paulo e é egresso da Febem. Ele está procurando emprego e, por indicação de um primo, consegue uma colocação como *motoboy*.

Em seu período de experiência e, para garantir a manutenção do emprego, precisa realizar para a firma, em um dia, 12 tarefas pela cidade.

Para realizá-las enfrenta preconceito, burocracia, indiferença e muitas dificuldades. Apesar disso, o diretor foge da armadilha fácil de transformar Herácles em herói ou sobrevivente de um sistema. Ele é uma pessoa boa e, como o verdadeiro Hércules, seu heroísmo está em vencer os obstáculos que enfrenta.

Afinal, para os integrantes da periferia, enfrentar a violência, a má educação pública, a falta de perspectivas profissionais, o tráfico de drogas e outras mazelas da cidade grande, não deixa de ser tarefa hercúlea.

Mas é nos espaços em branco e, muitas vezes na reação silenciosa de Herácles, que o filme constrói os personagens. Em cada um deles, é possível ler no rosto uma história. O próprio Herácles, também um escritor sonhador, inventa previsões sobre o futuro das pessoas que vai encontrando pelo caminho.

Temas

Burocracia, competição, educação, diferenças, diversidade, discriminação, racismo, humanismo, indiferença, *mentoring*, resiliência, significado do trabalho, solidão, sonhos, superação, talento, valores.

Saiba Mais Sobre o Filme

O filme é inspirado no mito grego de Hércules. De acordo com a história grega, Zeus, o rei dos deuses, era encantado por Alcmene, esposa de Anfitrião. Um dia, quando Anfitrião está fora, Zeus aparece tomando a forma do marido de Alcmene. Da união de Zeus e Alcmene, nasceu Herácles, o Hércules.

Sidney Santiago, que tem um excelente desempenho na difícil interpretação do personagem, ganhou o Prêmio de melhor ator no Festival do Rio, quando o filme foi lançado.

Transposição

Além de mostrar um retrato contundente e real da vida dos *motoboys* em São Paulo, o filme permite debater sobre muitos aspectos do mundo corporativo e do mundo atual, tais como:

1 – A procura e conquista de um trabalho ou de um novo emprego para pessoas marginalizadas ou excluídas da sociedade, que não é apenas uma questão de sobrevivência: é a possibilidade de reconquistar respeito e dignidade.

2 – A vida e a profissão dos *motoboys*, quando termina o dia e começa um novo já é uma vitória. Na violência do trânsito e, em parte nas condições de trabalho, morrem em São Paulo dois desses profissionais por dia, estatística levantada pela produção do filme. É um subemprego muitas vezes temporário, com toda a precariedade possível, de remuneração por entrega, sem segurança, com carga horária de cerca de dez horas diárias e muitas vezes sem ter todos os direitos trabalhistas.

3 – No crescente setor de serviços, os 300 mil *motoboys* e profissionais de *telemarketing* costumam ser uma das portas de entrada para o mercado de trabalho de grande parte dos jovens. Somente na cidade de São Paulo há cerca de 300 mil.

4 – A cidade grande, é também um personagem do filme com tudo o que acontece e implode diariamente no seu contexto. A concentração de gente, dinheiro, culturas diferenciadas, uma verdadeira muralha de classes e bairros, as muitas contradições entre pobreza e fartura, modernidade e conservadorismo, compõem esse cenário e definem sua própria estrutura.

5 – A correria que marca o mundo contemporâneo, no qual a movimentação é constante e a cidade grande não para. Os espectadores acabam viajando junto com Herácles em sua motocicleta passando por diversos pontos, bairros e ruas diferentes, quando a câmera dá ao filme o mesmo ritmo frenético da metrópole.

6 – A leitura positiva do filme na crença do ser humano, evidenciando um olhar cuidadoso sobre o outro. Ao lado da rudeza de algumas pessoas, do trânsito, da violência, do preconceito, havendo espaço também para o afeto, a gratidão e esperança. A dureza e o realismo da história não impedem que embarquemos nos sonhos de Herácles.

Destaques

É importante que o filme seja exibido na íntegra para melhor percepção do desenvolvimento da história e conhecimento das tarefas que Herácles precisa desempenhar. Indicamos algumas cenas, com destaque para três trabalhos realizados pelo protagonista.

– Primeira sequência, que mostra Herácles na entrevista de emprego e recebendo a missão de executar as tarefas.

– Cena em torno dos 22 minutos, quando uma moça que trabalha na feira identifica outros potenciais em Herácles, dizendo que ele é muito mais que um *motoboy*.

– Cenas em torno de 37, 60 minutos e 1:10 do filme, mostrando Herácles executando trabalhos que denotam momentos de indiferença, preconceito, discriminação e a solidão característica das grandes metrópoles, consequência quase direta das conturbadas relações entre as pessoas no mundo de hoje.

Ficha Técnica

Título original: Os 12 Trabalhos
Ano: 2006
País: Brasil
Direção: Ricardo Elias
Roteiro: Cláudio Yosida e Ricardo Elias
Fotografia: Carlos Jay Yamashita (como Jay Yamashita)
Música: André Abujamra
Edição: Willem Dias
Elenco Principal: Sidney Santiago, Flavio Bauraqui, Vera Mancini, Lucinha Lins, Cacá Amaral e outros
Gênero: Drama
Produção: Politheama Filmes
Duração do filme: 90 minutos

Ensaio sobre a Cegueira

Sinopse

O filme é a adaptação para as telas do livro homônimo de José Saramago publicado em 1995.

Utilizando a cegueira coletiva como pano de fundo, o escritor português teceu uma parábola sobre a humanidade que parece não ver a loucura, o caos e as sérias consequências que a degradação do meio ambiente, o consumismo e a deterioração das relações humanas estão trazendo para o futuro de todos.

O filme conta a história de uma epidemia de cegueira que varre o mundo. Todos começam a ficar cegos, à exceção da esposa de um médico (Julianne Moore), que consegue enxergar o esfacelamento dos valores humanos, a crueldade e a morte que a cercam.

As primeiras vítimas da epidemia são isoladas pelo exército nas dependências de um antigo manicômio. Ali são deixadas à sua própria sorte, passando por várias formas de degradação física, psicológica, ética e moral.

Na trama, a personagem de Moore mantém o segredo sobre sua condição para ficar no cativeiro ao lado do marido, um oftalmologista interpretado por Mark Ruffalo.

Impossível não relacionar a trama com tragédias como tsunamis, o furacão Katrina, a guerra do Iraque, o atentado ao WTC, enfim, às inúmeras catástrofes e aos crimes que assolam o mundo.

O filme é uma triste e deprimente fábula social mostrando situações nas quais a cegueira iguala os indivíduos e os joga num inferno autoritário dominado também por cegos – tendo a sociedade como um cárcere –, numa forma de despertá-los da anestesia moral em que vivem.

E, em última análise, faz um alerta para "a responsabilidade de ter olhos quando os outros os perderam".

Temas

Assédio moral, cegueira, comunicação ineficiente, ética empresarial e entre as pessoas, liderança, resgate de valores básicos, sustentabilidade, violência, visão.

Saiba Mais Sobre o Filme

Assim como o livro de Saramago, o filme aborda a cegueira não como uma deficiência física, mas de forma metafórica. Desta maneira, se vale de simbolismos e os encena mediante múltiplos artifícios audiovisuais como telas brancas, câmeras desfocadas, fusões em penumbra e imagens quase veladas obtidas por contrastes de fotografias.

A história não exclui nacionalidades ou raças. Para comprovar sua tese, entre aqueles que ficam cegos, está um casal de japoneses – Yoshino Kimura e Yusuke Iseya –, que traz para o filme o registro de outra realidade cultural, lembrando-nos de que essa é uma história sobre a humanidade como um todo.

Também por essa razão, os personagens não têm nomes, são entes anônimos que podem representar cada um de nós.

O filme abriu o Festival de Cannes de 2008 e foi um dos concorrentes à Palma de Ouro do evento.

Transposição

Sugerimos um debate sobre os pontos abaixo e outros que certamente serão levantados pelos participantes:

1 – Os males do mundo de hoje, mas particularmente a questão da cegueira em organizações com falta de visão ou com uma visão míope para aspectos extremamente importantes da sociedade contemporânea.

2 – Os caminhos que as corporações devem seguir na busca por um clima organizacional que inclua confiança, credibilidade, diversidade, visão estratégica e a consequente coerência que deve reger as regras éticas e sociais.

3 – A importância de o desenvolvimento sustentável ser visto como estratégia de negócios e, nesse contexto, o papel dos líderes na construção de uma sociedade mais humana, consciente e visionária.

4 – A afirmação de Peter Senge, quando diz que o universo corporativo é a mais poderosa instituição da sociedade contemporânea, tendo em vista que as organizações ultrapassam fronteiras e, por isso, tendem a ser mais globalizadas do que os governos.

5 – As grandes questões mundiais, que têm uma cadeia de interdependência entre países desenvolvidos, emergentes e aqueles ainda em situação de extrema penúria. As corporações, por sua vez, se encontram no centro dessa cadeia, cabendo a elas o principal papel na tentativa de ajudar a minimizar e/ou mudar esse quadro na construção de um mundo melhor.

Destaques

Sequência de um diálogo entre o casal que define bem o espírito do filme. Em resposta à pergunta do marido – "Você está com medo de fechar os olhos?" – Moore responde: "Não, estou com medo de abri-los".

Simbolicamente, manter os olhos abertos significava ver em que o mundo foi transformado, incluindo racismo, exploração dos seres humanos por quem detém poderes, preconceitos, agressões, desigualdade social, destruição e morte.

Cena que faz um contraponto à questão das lideranças no mundo atual. No caos em que tudo se transformou, uma das vítimas da cegueira fala para a personagem de Moore: "Que bom poder falar a uma líder com visão".

Ficha Técnica

Título original: Blindness
Título da tradução brasileira: Ensaio sobre a Cegueira
Ano: 2008

País: Canadá / Brasil / Japão
Direção: Fernando Meirelles
Roteiro: Dom McKellar
Fotografia: César Charlone
Edição: Daniel Rezende
Música: Marco Antônio Guimarães (como Uakti)
Elenco principal: Julianne Moore, Mark Ruffalo, Danny Glover, Gael Garcia Bernal, Yoshino Kimura e Yusuke Iseya.
Produção: Rhombus Media e O2 Filmes
Gênero: Drama
Duração: 121 minutos

O Escafandro e a Borboleta

Sinopse

Baseado numa história real, o filme aborda a tragédia de um homem que tem uma carreira bem-sucedida, *status*, poder e, de repente, vê tudo isso ir por água abaixo.

Foi o que aconteceu com Jean-Dominique Bauby, jornalista francês, ex-editor da revista *Elle*, que sofreu um acidente cerebral em 1995 e ficou totalmente privado da palavra e dos movimentos. Mesmo paralisado, conseguiu editar um livro utilizando apenas o piscar dos olhos para expor seu pensamento, suas lembranças e impressões.

Ao ler o livro, o diretor Julian Schnabel ficou impressionado com o drama de Bauby e decidiu adaptar a história para as telas.

É impressionante como um ser humano paralisado e privado de todos os movimentos consegue se comunicar apenas com um piscar de olhos.

O desempenho de Mathieu Amalric, ator que interpreta Bauby, é primoroso. Por sinal, a atuação do elenco é ótima e, parece ter todo o tempo uma "conversa" com a câmera, fazendo com que os espectadores coloquem-se muitas vezes na posição do protagonista e de outros atores da trama.

O filme trata de um tema difícil, que facilmente poderia cair numa história lacrimejante ou voltada para captar a comiseração da plateia. Mas tal fato não acontece, o roteiro é bem desenvolvido e consegue passar, sem apelos para artifícios, boa parte do que deve ter sido o sofrimento pessoal e a angústia de Bauby. Em alguns momentos, todo aquele drama é até tratado de forma bem-humorada.

Temas

Adversidade, capacidade de adaptação, coragem, comunicação, desafio, reaprendizagem, recusa em aceitar o imponderável, resiliência, superação, volta por cima.

Saiba Mais Sobre o Filme

Schnabel, além de cineasta, é também pintor e seu olhar de artista esteve presente nos momentos de pura plasticidade em várias cenas. Isso certamente contribuiu para a forma como a história interage com os espectadores, resultando em sua identificação com o filme.

O roteiro é outro elemento que se comunica brilhantemente com o público. Ao resgatar o antes e o depois da doença na vida de Bauby, o trabalho do roteirista Ronald Harwood permite que os espectadores sejam os únicos a "ouvirem" o monólogo do personagem falando de sua vida.

O fotógrafo Janusz Kaminski assume o ponto de vista daquele que conta a história e "reinventa" a fotografia por meio de experimentos visuais e sensoriais, que nos passam a ideia perfeita de como o personagem passou a ver o mundo.

O filme tem dezenas de prêmios, inclusive Palma de Ouro em Cannes de melhor diretor para Schnabel, César (o Oscar francês) de melhor ator para Amalric e edição para Hykuette Welfling.

Transposição

Para os profissionais da área de gestão, o filme é um exemplo incrível de como o ser humano pode ultrapassar obstáculos e de como a força de vontade e a persuasão podem levar ao alcance do que é aparentemente impossível. Além do debate sobre essa forma extraordinária de superação, sugerimos alguns outros temas do cotidiano organizacional, tais como:

1 – O diretor e sua equipe certamente não tiveram a intenção de fazer um filme para profissionais de comunicação. Mas é bastante interessante um debate sobre as diversas formas de comunicação que o filme suscita. De quantas formas podemos nos comunicar? Como perceber a hora e o momento de utilizarmos essa ou outra forma? Como nos adaptar e comunicar adequadamente em novas situações?

2 – Sabemos das inúmeras maneiras que temos para nos comunicar muito além da verbal: a linguagem do corpo, dos gestos, dos sinais, das expressões e até do silêncio. Recentemente, li o conselho de um consultor a um grupo de gerentes – *procurem ouvir o que seus colaboradores estão falando, mas principalmente o que não estão falando*. De fato, o silêncio às vezes pode dizer muito mais do que palavras ou gestos.

3 – O título do filme faz uma metáfora entre viver dentro de uma espécie de escafandro pesado que puxava Bauby para um abismo, diferentemente de sua imaginação, que era uma borboleta livre querendo voar. Sabemos que no ambiente corporativo, muitas vezes, as pessoas ficam aprisionadas pela força da gravidade de um clima organizacional opressor e sufocante, quando seu potencial, sua criatividade e suas possibilidades de inovar, lhes dão todas as condições para decolar.

4 – Por último, vale uma reflexão acerca de como o funcionamento do cérebro afeta nossa maneira de pensar, sentir e viver. Sobre o tema e com base em estudos e pesquisas, Richard J. Davidson (com Sharon Begley) afirma que cada estilo emocional é formado por seis dimensões básicas – resiliência, atitude, intuição social, autopercepção, sensibilidade ao contexto e atenção. A identidade emocional única é determinada pela combinação dessas dimensões em maior ou menor grau.

Ficha Técnica

Título original: Le Scaphandre et le Papillon
Título da tradução brasileira: O Escafandro e a Borboleta
Ano: 2007
País: França
Direção: Julian Schnabel
Roteiro: Ronald Harwood e Jean-Dominique Bauby (livro)
Fotografia: Janusz Kaminski
Edição: Hykuette Welfling
Música: Paul Cantelon

Elenco principal: Mathieu Amalric, Emmanuelle Seigner, Marie-José
  e Croze, Anne Consigny, Patrick Chesnais, Niels Arestrup
Produção: Pathé Renn Productions e coprodução de France 3 Cinéma
Gênero: Drama
Duração: 112 minutos

O Garoto de Bicicleta

Sinopse

Dirigido pelos irmãos diretores belgas Jean-Pierre e Luc Dardenne, o filme é ambientado na dura realidade da Bélgica e conta a história do menino Cyril, 13 anos, que vive em um lar para menores.

Na busca desesperada por seu pai – e tendo dele, como última recordação, uma bicicleta – o jovem passa os fins de semana com a cabeleireira Samantha, que o ajuda, oferece abrigo, carinho e é uma espécie de fada madrinha para ele.

Mesmo considerando que a personagem não é a mãe de Cyril, ela passa a percepção de uma forte figura materna, já que é a única fonte de afeto e carinho que o menino tem.

O filme é uma história de amor narrada num viés de conto de fadas. Cyril é um pouco Pinóquio, há um homem mau e há um bosque que funciona como o lugar da tentação. Ali, ele passa por testes que o farão perder suas ilusões e é o lugar onde uma fada vem salvá-lo.

O Garoto de Bicicleta é mais uma forte investida dos premiadíssimos Dardennes na temática político-social, que eles seguem desde A Promessa, sobre trabalho semi-escravo de imigrantes ilegais na Bélgica e Rosetta, que trata da desumanidade e da indignidade do desemprego.

Temas

Desigualdade, espiritualidade, humanismo, inclusão social, redenção, relacionamento, resiliência, solidariedade, superação, sustentabilidade.

Saiba Mais Sobre o Filme

O filme dividiu em Cannes o Grande Prêmio do Júri com *Once Upon a Time in Anatolia*, de Nuri Bilge Ceylan.

Thomas Doret foi selecionado entre mais de 150 garotos. Ele era o quinto da fila e, de imediato, os diretores viram nele um jovem com a força de concentração e impressionante presença para viver Cyril.

Samantha é interpretada pela famosa atriz belga Cécile de France.

A música é utilizada de forma fragmentada. Embora, na obra dos Dardennes, não seja usual a utilização de música – que eles julgam manipulativa dos espectadores – eles abriram uma exceção para este filme para marcar momentos de emoção e novos inícios.

Transposição

1 – Os diretores são conhecidos por contar histórias simples sobre pessoas simples. É o que acontece neste filme, que prima pela simplicidade, mesmo tratando de um assunto complexo.

2 – O filme traz um olhar crítico sobre a sociedade contemporânea, a vida social nos dias de hoje, a crise das relações entre as pessoas e a família, bem como o que podemos fazer para minimizar isso.

3 – Embora a trama se passe na Bélgica, poderia acontecer em qualquer parte do mundo, já que aborda os pequenos dramas que ocorrem no lugar onde vivemos, mas que na verdade são universais.

4 – É uma história que traz esperança simbolizada na ação de uma mulher que ajuda um garoto a emergir da violência a qual o fazia prisioneiro.

5 – A forma como Samantha ajudou Cyril possibilita o debate sobre a afetividade nas organizações no mundo de hoje. Muitas vezes uma ação individual enseja exemplos para uma transformação coletiva.

6 – Numa analogia com o mundo corporativo, propomos o debate de aspectos que levem a uma reflexão do nosso papel no mundo como pessoas, cidadãos, profissionais e gestores através de alguns questionamentos: Quais são as ações que transformam os cenários de gestão? Quais contribuem para uma vida plena dando sentido e significado no que fazemos? Que valores devem ser preservados? O modelo de gestão ideal é este que estamos perpetuando? Enfim, qual o futuro que queremos?

Ficha Técnica

Título original: Le Gamin au Velo
Título da tradução brasileira: O Garoto de Bicicleta
Ano: 2011
País: Bélgica / França
Direção, Roteiro, Edição e Música: Jean-Pierre e Luc Dardenne
Fotografia: Alain Marcoen
Elenco principal: Thomas Doret, Cécile De France, Jérémie Renier, Fabrizio Rongione
Produção: Les Films du Fleuve
Gênero: Drama
Duração: 87 minutos

Gonzaga – de Pai pra Filho

Sinopse

O filme conta como Luiz Gonzaga, um mulato pobre e semianalfabeto, acabou sendo um dos maiores ícones da cultura brasileira. Filho de sanfoneiro, fugiu de Exu (no Sertão de Pernambuco) por conta de um amor proibido (pela filha de um "coronel") e entrou para o exército. Passados quatro anos de fracassos entre valsas, tangos e choros, o caminho ao sucesso, com 600 músicas gravadas em 266 discos, começou a ser trilhado a partir da aceitação e da volta às suas raízes sertanejas.

Um viés importante da trama é centrado na comovente história humana mostrada através da difícil relação entre pai e filho – Gonzaga e Gonzaguinha –, um duelo entre rancor e amor, do abandono, dos ressentimentos e do perdão.

A história mostra a relação de Gonzaga e Odaléia (a mãe de Gonzaguinha), a morte dela por tuberculose, o pedido de Gonzaga para que Xavier e Dina criem o menino, o casamento que veio depois com Helena e a difícil relação de Gonzaguinha com a madrasta.

A trama segue marcada por encontros, desencontros, silêncios e desentendimentos, até que pai e filho se enfrentam para uma longa conversa, na qual ambos saem em busca de si mesmos.

As fitas gravadas desse encontro serviram de base para o roteiro. Um encontro quando o pai conta sua história ao filho numa tentativa de superação de divergências e reconciliação. Até que ela acontece e Gonzaguinha promove a realização de shows com o pai.

Temas

Certeza de relações, conexão, conflito, confiança, colaboração, conciliação, diferenças sociais, diversidade, harmonia entre passado e presente, humanismo, identidade, integração, resgate de raízes, resiliência, respeito, sinergia, superação, valores.

Saiba Mais Sobre o Filme

A estrutura narrativa segue a entrevista gravada que Gonzaguinha fez com Luiz Gonzaga, que conta para o filho sua história de vida. Assim, o roteiro intercala cenas da entrevista com esse relato.

O roteiro foi baseado no livro Gonzaguinha e Gonzagão: Uma História Brasileira, de Regina Echeverria.

Toda a equipe traz brilho ao filme. A direção segura e consequente de Breno Silveira e o excelente desempenho dos atores principais: o estreante Chambinho do Acordeon que, com talento natural e expressividade, deu vida, emoção e veracidade ao personagem de Gonzaga e Júlio Andrade que, na maior parte do filme, precisa nos convencer de que não é ele o próprio Gonzaguinha.

Chambinho venceu cinco mil candidatos no processo de Seleção da Conspiração para interpretar o sanfoneiro de 27 aos 50 anos.

Transposição

Na transposição para o mundo corporativo, a premissa inicial é entender que o filme não é uma história nordestina, sequer brasileira. É uma história universal que poderia acontecer com qualquer um, em qualquer lugar do mundo.

Com isso em mente, sugerimos reflexão e debate em torno dos seguintes temas:

1 – Diferenças sociais – preconceito, diversidade, importância da confiança e da certeza de relações.

2 – Diferenças individuais – cada um de nós leva para o trabalho que desenvolve toda a perfeição e imperfeição que nos caracteriza como seres humanos.

3 – Os desentendimentos e equívocos da vida – cada vez mais presentes no cotidiano das organizações – que podem desunir pessoas quando a relação é marcada pelo distanciamento, pela falta de diálogo, por meias verdades, pelo silêncio que sufoca a voz e por monólogos interiores.

4 – Conscientização de que para haver uma relação sadia é importante o conhecimento mútuo. Somente através dele, pode surgir confiança, certeza de relações e integração, fatores cada vez mais importantes no ambiente organizacional.

5 – Importância de fazer o que se gosta e para o que tem talento. Gonzaga só encontra seu caminho quando substitui os tangos e fados que tocava pela música ligada às suas raízes e criadora de sua identidade como ser humano e artista.

6 – O filme parece ter alguns alvos e consegue atingí-los: a mente, o coração e especialmente a alma dos espectadores. Numa analogia com a vida profissional, só produzimos os melhores resultados quando transcendemos e colocamos, naquilo o que fazemos, o melhor de nossa essência.

Destaques

O filme é belo e tocante. Sugerimos que seja exibido na íntegra e chamamos atenção para as seguintes sequências:

No início do filme, mostrando que a história será narrada a partir da entrevista que Gonzaguinha realizou com Gonzaga.

Em torno de 40 minutos, quando Gonzaga assume suas raízes, resolve tocar e cantar baião e começa a ter sucesso.

Em torno de 55 minutos, quando Gonzaguinha nasce e Gonzaga o assume como filho, mesmo não tendo certeza da paternidade biológica.

Em torno de 1:02, quando Gonzaga, já um cantor de sucesso, decide cantar diretamente para o povo.

Em torno de 1:07, quando Gonzaga vai a Exu para rever a família e resgatar as raízes.

Em torno de 1:37, quando Gonzaguinha deixa o Morro de São Carlos, no Rio de Janeiro.

Em torno de 1:52, quando Gonzaga e Gonzaguinha se reconciliam e, pela primeira vez, fazem um show juntos.

Ficha Técnica

Título original: Gonzaga – de Pai pra Filho
Ano: 2012
País: Brasil
Direção: Breno Silveira
Roteiro: Patrícia Andrade
Fotografia: Adrian Teijido
Edição: Gustavo Giani e Vicente Kubrusly
Música: Berna Ceppas
Elenco Principal: Chambinho do Acordeon, Júlio Andrade, Adélio Lima, Claudio Jaborandy, Luciano Quirino, Sylvia Buarque, Cyria Coentro
Produção: Conspiração
Gênero: Drama / Biografia
Duração: 120 minutos

A Grande Virada

Sinopse

Numa história que se situa no tênue fio da ficção e da realidade, o filme é sobre um grupo industrial que, ao ser duramente afetado pela crise econômica, começa a demitir empregados, inclusive altos executivos.

Na verdade, a grande corporação, para ter mais lucro e satisfazer o capital financeiro, deve sacrificar centenas de empregos. A cada lote de demissões, a situação torna-se mais depressiva.

Os demitidos recebem alguns meses adicionais de salário e seguro-saúde para recolocação num deprimente escritório onde compartilham baias com outros deserdados da crise.

A história é contada através de Bobby Walker (Ben Affleck). Ele tinha um bom emprego, uma família bonita, um deslumbrante Porsche na garagem e se vê obrigado a redefinir sua vida quando a política de redução deixa a ele e aos seus companheiros sem trabalho.

Paralelamente, é instalado um conflito entre os dois fundadores da companhia, o grande chefe James Salinger e seu velho amigo Gene McClary, o gerente que quer evitar mais demissões.

Temas

Assédio moral, carreira, crise econômica, dispensas em massa, ética, poder, recolocação, resiliência, superação, valores.

Saiba Mais Sobre o Filme

Este é mais um filme em torno da crise econômica que permite debater inúmeros temas do mundo corporativo atual.

Transposição

O filme permite várias leituras. Entre outras, sugerimos as seguintes:

1 – O impacto que a demissão pode causar na vida das pessoas, desestruturando famílias e comunidades.

2 – A postura que a área de Recursos Humanos precisa ter em momentos como este, ajudando a organização a buscar novamente seu equilíbrio, ao invés de aceitar ser convocada apenas quando, para diminuir custos, os acionistas decidem que é necessário dispensar pessoas e enxugar estruturas. Um exemplo disso é mostrado na cena em torno dos 43 minutos do filme.

3 – Com o filme em mente, vale um debate sobre a interrupção inesperada da carreira de pessoas que não se preparam para uma eventual dispensa e quando acontece não sabem como agir. As crises econômicas dos últimos anos e as inevitáveis consequências no mundo corporativo devem funcionar como alertas para as pessoas estarem preparadas para superar a perda do emprego e a seguir em frente ou até estabelecer um redirecionamento na carreira.

4 – Através da análise do comportamento de três dos demitidos, sugerimos uma reflexão de como as pessoas reagem diferentemente às demissões em massa. Walker não segue as orientações da firma de recolocação, não se comporta adequadamente nas entrevistas de seleção e acaba indo trabalhar de carpinteiro como empregado do cunhado. Phil sai de casa todos os dias fingindo que vai trabalhar, abandona o programa de orientação da empresa de recolocação, passa a beber e entra em depressão num caminho sem volta. Mc Clary, apesar de ter sido demitido por Salinger, com quem trabalhou desde o início e era seu melhor amigo, é o que melhor reage e torna-se responsável pela busca de uma solução para o drama do grupo.

5 – Um dos demitidos diz numa cena que a pior parte é que o mundo não parou: *"minha vida acabou e ninguém percebeu"*, completa.

Sugerimos um debate tendo como pano de fundo o pensamento do diretor francês Laurent Cantet – que vem se especializando em filmes sobre o mundo do trabalho – quando diz que as pessoas demitidas se sentem "culpadas" e "envergonhadas" por estarem desempregadas e, ao mesmo tempo em que enfrentam um quadro extremamente perverso, precisam encontrar forças para mudá-lo.

6 – A sequência final do filme – quando McClary consegue comprar as instalações do estaleiro da companhia que fora desativado e contrata todo mundo que fora dispensado – propicia um debate interessante seguido da percepção dos participantes. Impossível não notar que os realizadores deixaram um espaço em aberto para que os espectadores decidam se se trata de um final feliz ou de uma tentativa de retomada incerta que poderá ou não surtir efeito.

Destaques

Além das sugestões anteriores, destacamos algumas sequências / falas dos personagens (e o tempo aproximado do momento em que ocorrem), que certamente propiciarão um profícuo debate com os participantes.

- Tenho que participar de qualquer decisão que afete um dos meus setores (10 minutos)

- Primeiro vou dizer o que a recolocação não é: não somos uma agência de emprego (19 minutos)

- Como vamos aumentar o valor das ações? Aumentando a eficiência e diminuindo os custos. Chame o RH e diga que faça uma lista para outra rodada de enxugamento (42 minutos)

- Como está? Não muito bem, fui demitido pelo meu melhor amigo (1:30)

Ficha Técnica

Título original: The Company Men
Título da tradução brasileira: A Grande Virada
Direção e roteiro: John Wells
Ano: 2010

País: Estados Unidos
Fotografia: Roger Deakins
Música: Aaron Zigman
Edição: Robert Frazen
Elenco Principal: Ben Affleck, Tommy Lee Jones, Chris Cooper, Kevin Costner, Graig T. Nelson, Maria Bello
Gênero: Drama
Produção: The Weinstein Company
Duração: 104 minutos

O Homem que Mudou o Jogo

Sinopse

Baseado em fatos reais, o filme segue Bill Beane (Brad Pitt), gerente do time de beisebol Oakland Athletics, equipe californiana que joga na *Major League Baseball* (MLB), liga profissional de *baseball* dos Estados Unidos. Vale lembrar que o esporte ainda é o mais popular da cultura americana.

O time está atravessando uma fase difícil pela perda de jogos e de atletas e Beane precisa formar, com um orçamento muito pequeno, uma equipe de alto nível capaz de levar o Athletics a um lugar de destaque no campeonato americano.

Para isso, passa a contratar jogadores descartados por times importantes que, apesar de não terem nomes estelares, têm habilidades específicas que aparecem nas estatísticas do jogo.

Assessorado por Peter Brand, seu assistente, Beane começa a identificar os pontos fortes e fracos de cada jogador e como cada um individualmente pode contribuir para o coletivo.

É impressionante a determinação com que Beane, com a ajuda de Brand, decide levar sua filosofia baseada em estatísticas até às últimas consequências, encontrando oposição por parte de todo o conselho deliberativo do clube, da imprensa especializada, e do treinador Art Howe (Hoffman), que faz de tudo para contrariar as novas normas.

E assim ousou montar um time inteiro baseado em números e projeções aritméticas, dispensando grandes estrelas e conseguindo, com uma folha de pagamento risível se comparada com as de todos os seus adversários, bater um recorde histórico.

Explorando bem a competência de cada atleta, Beane leva o Oakland a disputar as primeiras colocações na Liga e a ter resultados expressivos, conquistando 20 vitórias consecutivas.

Temas

Carreira, competição, criatividade, desempenho, equipe, liderança, limites, modelos mentais, paradigmas, poder, potencial, processo seletivo, resistência às mudanças.

Saiba Mais Sobre o Filme

O filme é uma adaptação do livro *Moneyball*, do escritor Michael Lewis, e uma obra bem distante dos tradicionais filmes esportivos.

Embora trate de um esporte muito ligado à cultura americana (foi apelidado pela imprensa de "o grande passatempo americano") a história é perfeitamente compreensível e não exige conhecimento prévio sobre o jogo de *baseball*.

O Homem que Mudou o Jogo foi indicado ao Oscar de 2012 nas categorias de filme, ator principal (Pitt), ator coadjuvante (Hill), roteiro, edição e som.

Transposição

O filme possibilita um excelente debate sobre muitos temas do esporte que, em última análise, possibilitam analogia com a área de gestão, tais como:

1 – O que fazer quando a empresa está atravessando uma crise, os recursos são escassos e é necessário dar respostas imediatas.

2 – A decisão de Beane de ir, aos poucos, modificando a equipe, utilizando e trazendo jogadores pouco valorizados, mas que tinham a característica específica em determinado aspecto do jogo. Em última análise, abrindo mão de atletas consagrados, não alinhados à sua filosofia.

3 – Como o método seguido pelo técnico funcionaria no mundo corporativo.

4 – A importância de montar uma equipe multidisciplinar e explorar os talentos individuais de cada membro do grupo.

5 – Até que ponto a diversidade é um critério importante na formação de uma equipe.

6 – A evidência de que, no caso do Athletics, padrões clássicos de decisão não trariam soluções favoráveis.

7 – A decisão de identificar os pontos fortes e fracos de cada jogador – às vezes eles eram bons para uma coisa e não para outra – e como tais perfis contribuiriam para o coletivo.

8 – A atitude de Beane de quebrar a estrutura de raciocínio do *status quo* e enfrentar a resistência do treinador, da imprensa e do conselho deliberativo do Clube.

9 – A importância de ter um líder que conhece e acompanha cada profissional de sua equipe.

Destaques

Diante da postura de inovação seguida por Beane, o comentário em uma cena de que ele quebrou um paradigma e nunca mais o modelo anterior voltaria a ser prestigiado.

Ficha Técnica

Título original: Moneyball
Título da tradução brasileira: Moneyball – O Homem que
 Mudou o Jogo
Ano: 2011
País: Estados Unidos
Direção: Bennett Miller
Roteiro: Steven Zaillian e Aaron Sorkin
Fotografia: Wally Pfister
Música: Mychael Danna
Edição: Christopher Tellefsen

Elenco Principal: Brad Pitt, Jonah Hill, Philip Seymour Hoffman, Robin Wright e outros
Gênero: Drama
Produção: Columbia Pictures
Duração: 133 minutos

Homens e Deuses

Sinopse

O filme é baseado na história real do massacre de monges católicos em Tibhirine na Argélia em 1996, supostamente por terroristas islâmicos, recriando o que teriam sido os últimos meses de vida dos religiosos, que prestavam socorro espiritual e médico à comunidade que existia em torno de um mosteiro.

O filme detalha o cotidiano dos monges e o sentimento de angústia crescente que vai tomando conta dos religiosos à medida que os extremistas e o exército argelino se enfrentam.

Alguns monges querem abandonar o monastério, mas o monge prior Christian de Chergé, que foi um dos mártires do massacre, pede que eles reflitam, destacando a importância que a decisão seja coletiva.

O filme é extremamente reflexivo e, embora com viés político, guarda seu foco mais agudo para um drama humano.

Temas

Decisão, desafio, desempenho, discriminação, estigma, humanismo, intolerância, relacionamento, religião, solidariedade, vocação.

Saiba Mais Sobre o Filme

O filme, que ganhou o grande prêmio do júri em Cannes e o troféu ecumênico que reconhece produções com cunho social e humanístico, busca atenção especial e intimista dos espectadores.

Para reunir todos os elementos da história, foi preciso construir um retrato detalhado dos princípios seguidos pelos monges trapistas, inclusive a tensão que estavam passando, o que pode ser percebido até nas letras das inúmeras orações que são reproduzidas no filme.

O produtor e roteirista Etienne Comar se valeu dos arquivos de imprensa, dos jornais escritos pelos monges e das anotações de Chergé, caracterizadas por uma sólida vocação em favor do outro, em particular os muçulmanos.

Transposição

Embora não tenha locações num mundo corporativo, o filme aborda situações da vida bastante ligadas às relações humanas presentes no ambiente organizacional. Sugerimos um debate em torno de vários temas abordados pela história, tais como:

1 – Relacionamento – A narrativa é calma, meditativa, algumas sequências são reiterativas, mas é uma obra necessária que reflete sobre a essência dos seres humanos, da riqueza e da profundidade do relacionamento entre eles.

2 – Ineditismo – O filme mostra outro lado dos conflitos motivados por questões religiosas que acontecem no oriente médio, possibilitando um olhar diferenciado sobre o assunto.

3 – Motivação – No desempenho expressivo do elenco, fica evidente que o fato dos atores se sentirem motivados pelos laços de amor entre os monges e a população muçulmana foi um dado importante para o resultado final.

4 – Imparcialidade – A história propicia uma reflexão sobre nossas ações, nossas fraquezas, nossa tolerância e respeito ao próximo. E, independentemente de qualquer religião, comove os espectadores, inclusive aqueles que são agnósticos ou ateus.

5 – Humanismo – O diretor optou por mostrar cada monge com suas dúvidas e seus medos sobre o destino que os espera, diferentemente de apresentar um grupo de idealistas corajosos e confiantes. Eles precisam decidir se vão embora, abandonando a população local, contrariando seus próprios dogmas ou se ficam para cumprir sua missão religiosa

de ajudar e proteger o próximo ainda que essa decisão possa lhes custar a vida.

Destaques

Uma cena extraordinária, com a câmera fechada no rosto de velhos atores, faz uma alusão ao quadro "A última ceia" ao som do Lago dos Cisnes, de Tchaikowsky.

Ficha Técnica

Título original: Des Hommes e des Dieux
Título da tradução brasileira: Homens e Deuses
Ano: 2010
País: França
Direção: Xavier Beauvois
Roteiro: Xavier Beauvois e Etienne Comar
Fotografia: Caroline Champetier
Edição: Marie-Julie Maille
Elenco principal: Lambert Wilson, Michael Lonsdale, Olivier Rabourdin, Philippe Laudenbach, Jacques Herlin
Produção: Why not Productions e Armada Films
Gênero: Drama / História
Duração: 122 minutos

Intocáveis

Sinopse

Baseado numa história real, o filme une duas pessoas numa relação bastante improvável. De um lado, Philippe, um multimilionário francês que ficou tetraplégico após um acidente de parapente. De outro, Driss, um imigrante pobre, que vive num subúrbio de Paris após ter cumprido pena de prisão.

Os dois se encontram quando Philippe, em entrevista para selecionar uma pessoa para ajudá-lo nas atividades diárias, decide contratar Driss.

O diretor utiliza um viés bem humorado e sutil para falar de desigualdades, tanto físicas quanto sociais. Não prioriza nem o problema social de Driss, tampouco a deficiência física de Philippe. A ênfase se dá na sinergia que se estabeleceu entre os personagens.

Intocáveis é, acima de tudo, uma história emocionante e sincera sobre o relacionamento entre duas pessoas: as questões apenas coexistem, sem explicações desnecessárias ou lições de moral. Além de capturar, divertir e emocionar, o filme dá aos espectadores a oportunidade de reflexões e aprendizados sobre inúmeros aspectos de suas vidas.

Temas

Diferenças sociais, diversidade, equipe, eliminação de barreiras, preconceito, racismo sutil, seleção, polaridades, contrastes, mudança, sonhos, talento.

Saiba Mais Sobre o Filme

A trama é baseada no livro de memórias *Le Second Souffle* (*O Segundo Suspiro*), do empresário aristocrata Phelippe Pozzo di Borgo e sua ligação com o imigrante argelino Abdel Yasmin Sellou.

Di Borgo vive no Marrocos com sua nova mulher. Sellou tem uma empresa, se casou e tem três filhos.

A ótima química e a atuação perfeita da dupla dos protagonistas (François Cluzet e Omar Sy) foram fundamentais para o sucesso do filme.

A trilha sonora contagiante mistura funk e clássicos da música.

O filme faturou 250 milhões de euros na França e é o mais bem-sucedido título do país, desde A Riviera não é Aqui, de 2008. É premiadíssimo, incluindo o Prêmio de Audiência de melhor filme europeu de 2011 e o César (o Oscar francês), no qual teve nove indicações e ganhou o troféu de melhor ator para Omar Sy.

Transposição

O filme tem muitas leituras e várias analogias não só com o ambiente organizacional, mas também com o cotidiano de nossas vidas. Sugerimos trabalhar a história de acordo com as mensagens do filme e a transposição para o mundo corporativo, tais como:

1 – O processo de seleção adotado por Philippe. Enquanto os candidatos à vaga enunciavam bons argumentos para obter o emprego, Driss apenas cumpria uma formalidade para garantir o direito ao seguro-desemprego. Além disso, não tinha qualquer formação para o cargo, mas Philippe o contrata por sua inteligência, capacidade de observação e, principalmente, por não ter demonstrado pena de sua incapacidade física.

2 – Os personagens são opostos: um é branco, rico, tetraplégico, sério, refinado. O outro é negro, pobre, com antecedentes criminais, descontraído e popular. Um equilíbrio aparentemente impossível acontece pela capacidade de ambos conseguirem estabelecer harmonia entre polos tão opostos. O fato remete ao pensamento de Barry Johnson sobre a gestão das polaridades nas organizações. Segundo ele, os gestores lidam o tempo todo com contrastes e o grande desafio é, a partir das diferenças, encontrar pontos que possam gerar sinergia.

3 – O conhecimento mútuo e a superação das diferenças foram fundamentais para estabelecimento da amizade entre os dois personagens. Da mesma forma, nas organizações, é preciso conhecer e conviver com as divergências para conseguir transformá-las em ações convergentes.

4 – Os personagens são mostrados com seus dramas existenciais e diversas lições de vida para ensinar um ao outro. A história enseja uma reflexão sobre os caminhos que levam os líderes à conscientização de que as possibilidades ampliam-se quando se busca a troca de experiências e objetivos comuns.

5 – O ótimo desempenho da dupla de protagonistas é um ponto alto do filme. Enquanto Sy expressa com carisma sua condição de excluído social, porém cheio de alegria, Cluzet é um aristocrata com sonhos, que encontra em seu ajudante a energia necessária para conviver com a situação de deficiente físico. Vale um debate sobre os bons resultados que podem ser alcançados quando pessoas trabalhando juntas descobrem afinidades e fazem com que suas eventuais diferenças produzam uma equipe ajustada e motivada.

Ficha Técnica

Título original: Intouchables
Título da tradução brasileira: Intocáveis
Direção e roteiro: Olivier Nakache e Eric Toledano
Ano: 2011
País: França
Fotografia: Mathieu Vadepied
Música: Ludovico Einaudi
Edição: Dorian Rigal-Ansous
Elenco Principal: François Cluzet, Omar Sy, Anne Le Ny
Gênero: Drama
Produção: Quad Productions
Duração: 112 minutos

A Invenção de Hugo Cabret

Sinopse

Baseado no livro homônimo de Brian Selznick e ambientado na Paris dos anos 30, a história segue Hugo, um órfão de dez anos que trabalha como clandestino consertando e ajustando os relógios numa estação de trem.

Seu pai lhe deixou um autômato que ele tenta consertar, até descobrir que o objeto pertencia a George Méliès, precursor dos filmes de ficção (Viagem à Lua – 1902).

Poucas vezes a magia do cinema esteve tão bem representada nas telas. O filme é um espetáculo visual belíssimo, faz uma viagem às origens do cinematógrafo e é uma poética declaração de amor à sétima arte.

Asa Butterfield, num excelente desempenho, interpreta o personagem título.

Temas

Criatividade, imaginação, inovação, inventividade, memória, missão pessoal, talento, tecnologia.

Saiba Mais Sobre o Filme

Em tom de fábula e filmado em 3D, é um dos melhores trabalhos já feitos no uso dessa tecnologia.

Os trabalhos de direção de arte de Dante Ferretti e o de fotografia de Richard Richardson são excelentes. Ambos conquistaram em 2012 o Oscar dessas categorias para o filme que, naquele ano, concorreu a onze estatuetas.

Méliès (1861-1938), um veterano do teatro de variedades, levou para o cinema seus espetáculos de ilusionismo. Com seus truques de montagem e encenação, foi pioneiro não só nos efeitos visuais como originou, com sua produção, toda a ideia do cinema como um instrumento para contar histórias, uma fábrica de sonhos.

Transposição

1 – A Invenção de Hugo Cabret deve ser visto e apreciado como uma prova do potencial do cinema em propiciar arte, lazer, entretenimento, magia e sonhos. Essa é a proposta do diretor Martin Scorsese, apaixonado por cinema e um dos maiores preservacionistas na salvaguarda da memória fílmica, não só americana, mas também universal.

2 – O filme também mostra o cinema como a arte que acompanha o tempo, as mudanças, tem o poder de alterar comportamentos e ser utilizado como fator de desenvolvimento. E é através desses enfoques que faz uma ligação com o mundo das organizações, possibilitando um profícuo debate sobre talento, missão pessoal, criatividade, imaginação, inventividade, tecnologia e inovação.

3 – Através da viagem que faz às origens da arte cinematográfica, estabelece ainda uma junção entre passado, presente e futuro, algo que também precisa ser levado em conta no mundo corporativo, principalmente quanto às estratégias exigidas pelo mundo atual.

Ficha Técnica

Título original: Hugo
Título da tradução brasileira: A Invenção de Hugo Cabret
Ano: 2011
País: Estados Unidos
Direção: Martin Scorsese
Roteiro: John Logan
Fotografia: Richard Richardson
Edição: Thelma Schoonmaker

Música: Howard Shore
Elenco Principal: Asa Butterfield, Ben Kingsley, Chloe Moretz, Sacha Baron Cohen, Ray Winstone e Jude Law.
Produção: Paramount Pictures e GK Films
Gênero: Aventura / Drama
Duração: 126 minutos

Jobs

Sinopse

O filme narra a vida de Steve Jobs, co-fundador da Apple e carismático mestre da inovação, morto em outubro de 2011, aos 56 anos.

Ashton Kutcher interpreta o visionário ícone do Vale do Silício, numa história que traz luz sobre os momentos mais decisivos de Jobs, suas motivações e as pessoas que estiveram com ele em vários períodos de sua vida.

Seguindo o roteiro escrito por Matt Whiteley, Stern reuniu uma equipe de especialistas e pesquisadores, que realizou uma exaustiva investigação e várias entrevistas com amigos, colegas e mentores, a fim de que a imagem de Jobs fosse transmitida da forma mais verossímil possível.

O filme foca desde os primeiros anos de Jobs como um jovem extremamente expressivo, sua fase rebelde de hippie, até o momento em que se propôs a mudar o mundo, tornando-se uma das mais destacadas figuras do século 20/21.

Temas

Assunção de riscos, criatividade, desafio, divergências, empreendedorismo, inovação, legado, motivação, superação, tecnologia, visão.

Saiba Mais Sobre o Filme

As primeiras tomadas do filme aconteceram na casa de Jobs em Los Altos, onde ele cresceu e também na histórica *garage*, onde junto com Steve Wozniak fundou a Apple.

Há outro filme sobre Jobs, intitulado iSteve, realizado com viés satírico e divulgado na Internet. Dirigido por Ryan Perez, tem 78 minutos e é estrelado pelo ator Justin Long no papel de Jobs e Jorge Garcia, como Steve Wozniack.

Transposição

1 – Indagado sobre qual foi a maior dificuldade para realizar o filme, o diretor declarou: "Todo mundo tem sua própria opinião sobre Steve Jobs. Esse foi o primeiro e maior desafio. Em seguida, foi decidir qual parte de sua história deveria ser contada sem excluir ninguém. Apostar num palpite ou se aventurar num excesso de especulação era muito perigoso, especialmente com um personagem tão conhecido e tão comentado".

A declaração de Stern é um bom tema para iniciar o debate. Steve Jobs, de fato, foi uma pessoa polêmica, que provocava opiniões diversificadas em natureza e intensidade.

2 – Outra declaração que vale um debate é a de Kutcher, que se declarou honrado por interpretar Jobs, mas também amedrontado devido ao *status* de ícone do CEO da Apple.

"Interpretar um cara que está tão vivo na mente das pessoas e que em todo lugar que você vai bate em alguém que o conheceu ou assistiu a vídeos sobre ele, é aterrorizante porque todo mundo pode ser um crítico apropriado", afirmou.

3 – O filme conta a história de Steve Jobs entre os anos de 1971 e 2001. Kutcher interpreta o co-fundador da Apple, passando pela origem humilde da companhia, o lançamento do primeiro iPod em 2001, suas vitórias e seus insucessos. Foi uma pessoa que fracassou, foi demitido e se reergueu. Todos nós podemos nos identificar com essa situação em algum momento da vida e certamente teremos exemplos para dividir com os participantes.

4 – O fato remete ao pensamento de Paulo Vanzolini sobre a música que compôs: "Volta por Cima". Segundo o compositor paulista, todos ficam ligados na famosa frase da música: "*Levanta, sacode a poeira e dá a volta por cima*", mas a frase mais importante é a que vem logo antes e diz "*Reconhece a queda, e não desanima*".

Outros Pontos para Reflexão e Debate:

1 – Análise sobre o legado de Steve Jobs para o desenvolvimento da tecnologia, de modo geral e, especificamente, em sua área de atuação.

2 – As lições que podem trazer para nossas vidas pessoal e profissional.

3 – Os cuidados que devem ser tomados sobre os rumos que tecnologias de ponta e o seu acelerado e constante progresso trazem para a humanidade em termos de benefícios e malefícios.

Ficha Técnica

Título original: Jobs
Ano: 2013
País: Estados Unidos
Direção: Joshua Michael Stern
Roteiro: Matt Whiteley
Fotografia: Russell Carpenter
Edição: Robert Komatsu
Música: John Debney
Elenco principal: Ashton Kutcher Josh Gad, James Woods,
  Dermot Mulroney, Matthew Modine, Lukas Haas
Produção: Devoted Consultants e Five Star Institute
Gênero: Biografia / Drama
Duração: 122 minutos

Lixo Extraordinário

Sinopse

O filme segue o caminho que era percorrido pelo lixo reciclado, antes da desativação do Jardim Gramacho, maior aterro sanitário da América Latina, na periferia de Duque de Caxias (RJ), e sua transformação em arte pelas mãos do artista plástico Vik Muniz, com a colaboração dos catadores.

Muniz fotografou os catadores, que foram escolhidos, particularmente por suas histórias de vida. Após revelação das fotos, os personagens tinham suas imagens reconstruídas em arte com o lixo que eles mesmos catavam diariamente.

Muniz mostrou os quadros para os catadores e criou poses pedindo que eles ficassem na mesma posição para as fotos. Um dos retratados, Sebastião Santos, foi fotografado tendo como referência um quadro com a figura de "Marat assassinado", do pintor Jacques-Louis David. Santos, conhecido como Tião, era o presidente da Acamijg (Associação de Catadores do Aterro Metropolitano de Jardim Gramacho).

Temas

Adversidade, autoestima, barreiras, liderança, modelos mentais, mudança, obstáculos, orgulho, paradigmas, resiliência, significado do trabalho, superação, sustentabilidade.

Saiba Mais Sobre o Filme

Prêmios

Lixo Extraordinário teve o reconhecimento da Anistia Internacional, com a seguinte justificativa:

"Por desafiar nossos preconceitos e ideias pré-concebidas sobre pessoas que vivem nos extremos da sociedade e abrir o coração dos espectadores para a possibilidade de uma transformação através da coragem e da criatividade".

Foi candidato ao Oscar em 2010 e ganhou vários prêmios de audiência, entre eles nos Festivais de Sundance e Berlim.

Identificação com os Espectadores

O filme aborda a difícil realidade desses trabalhadores a partir de questões universais como sobrevivência, dignidade, respeito, sonhos, medos, alegrias. Eles nos mostram como fazer a reciclagem e nos levam a reciclar a nós mesmos para vermos as coisas com outros olhos sem modelos mentais e sem preconceitos. Isso faz com que os espectadores olhem não para as obras como simplesmente arte, mas sim como histórias, pessoas, transformações e conceitos.

Trilha Sonora

A trilha conduzida por Moby é composta por sons diferentes e não comuns que se embaralham em diversos tons. Em alguns momentos, ele apela para uma guitarra que soa desafinada. Por outro lado, cria um embalo sonoro que consegue também ser um elemento narrativo importante para a história.

Construção Cinematográfica / Cenografia / Fotografia

Muitos momentos lembram que a emoção de um documentário não está apenas na importância do seu tema mas também na beleza de sua construção. Entre outros, vale ressaltar o registro do trabalho noturno no aterro, enquanto emanações de metano produzem chamas azuladas e a apresentação em imagem acelerada do desenvolvimento dos enormes painéis que Muniz e os catadores estão criando.

Transposição

Além dos inúmeros temas que aborda, presentes no dia a dia dos gestores, o documentário traz muitos pontos para reflexão e debate, entre os quais podem ser destacados:

1 – Harmonia entre polos opostos. Como unir segmentos tão diferenciados, através da aproximação de duas realidades tão distantes, colocando beleza e valor em algo que é desprezado pela sociedade, o lixo.

2 – Confiança, um dos itens mais importantes e valorizados nas organizações. Na medida em que Muniz foi explicando seu projeto para os catadores e respeitando-os, eles foram se envolvendo.

3 – Valorização – Os catadores se sentiram valorizados, – o que é também um desafio para o gestor, a valorização profissional.

4 – Superação – artes e estratégias que os catadores utilizavam para contornar os desequilíbrios e obstáculos de suas vidas.

5 – A transformação que os próprios catadores conseguiram realizar. Um deles, Valter dos Santos, misto de filósofo e guru daquela comunidade, repete, em algumas cenas, a frase **"99 não é 100"**, seguida de ensinamentos sobre a importância e o significado de determinadas ações. "Uma latinha jogada no lixo faz diferença", afirma.

6 – A educação, a cultura e a conscientização como catalisadores em processos de transformação.

7 – O papel do gestor hoje em face da necessidade de estar atento para a diversidade humana e cultural, os novos desafios, as competências e habilidades diferenciadas, e a importância, cada vez maior, do trabalho ter significado e proporcionar orgulho para aquele que o realiza.

Destaques

- As imagens iniciais, que dão ideia do trabalho de Muniz e do que ele pretende fazer com os catadores.

- Cena em que Muniz conhece Walter dos Santos e este lhe pede explicações sobre o projeto que está realizando na comunidade.

- Sequência em que Muniz vai fotografar Tião Carlos para a realização do quadro Sebastião / Marat.

- Sequência mostrando Muniz e Tião em Londres quando o quadro Sebastião / Marat é leiloado.

- Sequência final que mostra detalhadamente a trajetória de cada catador retratado no filme.

Ficha Técnica

Título original: Wasteland
Título da tradução brasileira: Lixo Extraordinário
Ano: 2010
País: Brasil / Inglaterra
Direção e roteiro: Lucy Walker, João Jardim e Karen Harley
Fotografia: Ernesto Herrmann, Dudu Miranda e Heloisa Passos
Música: Moby
Edição: Pedro Kos
Gênero: Documentário
Produção: O2 Filmes e Almega Projects
Duração do filme: 99 minutos

A Máquina

Sinopse

O filme é uma história de amor entre Karina e Antônio e é ele, já envelhecido, que narra como tudo aconteceu. Karina é interpretada por Mariana Ximenes e Antônio é interpretado por dois atores: Antônio velho é Paulo Autran e Antônio moço é Gustavo Falcão.

A história é a seguinte: Antônio é o 13º filho de uma família de Nordestina, uma cidade fictícia no meio do nada, tão pequena que nem aparece no mapa. Isolada no sertão, a cada dia ela perde mais um de seus moradores, que pega um transporte para ganhar o "mundo". Os moradores acham que a cidade não existe – que na divisa há um risco que separa Nordestina do mundo – e que do outro lado sim há oportunidades, progresso, vida, enfim.

Antônio é apaixonado por Karina que também gosta de Antônio, mas ela tem sonhos maiores; como a grande maioria dos moradores, também quer sair de lá e também ir para o "mundo".

Então, para que Karina realize o sonho de ter um "outro mundo", sem ter que abandoná-lo, Antônio constrói uma máquina para ir ao futuro e trazer um mundo diferente para ela.

Ele não consegue ir ao futuro. Volta então ao passado através de uma bela sequência mostrando que se as pessoas tivessem a chance de viver outra trajetória e o fizessem de forma diferente, elas poderiam mudar não apenas suas vidas, mas também a vida de outros e contribuir para modificar o mundo.

Temas

Busca incessante do sucesso, decisão, escolhas, poder da mídia, memória, presente, passado, futuro, imigrações, resgates, retornos.

Saiba Mais Sobre o Filme

A história é contada numa linguagem multidisciplinar, em tom de fábula.

A narrativa é, ao mesmo tempo, profunda e simples, difícil e accessível, refinada e popular,

O filme é baseado no livro homônimo de Adriana Falcão, que tem passagens belíssimas como os trechos em que ela fala da decadência da cidade de Nordestina. "Os pares foram ficando ímpares, a cidade foi perdendo cheiros, os retratos não eram mais completos".

As cenas iniciais são formadas por um plano-sequência de impressionante ousadia cinematográfica.

É o penúltimo papel de Paulo Autran no cinema (o último foi O Ano em que Meus Pais Saíram de Férias, de Cao Hamburger).

Transposição

O filme tem muitas metáforas que possibilitam reflexões, análises e debates sobre temas de nossas vidas pessoal e profissional. Considerando a condução narrativa do roteiro e a possibilidade de múltiplas interpretações, sugerimos que a transposição seja realizada por sequências-chave do filme, conforme descritas a seguir:

1 – Logo no início, uma sequência mostra a criação do universo ressaltando que o tempo de todos nós começa no dia em que nascemos. A cena propicia uma reflexão sobre qual é o nosso papel no mundo, desde o presente, que começa com nosso nascimento, até o desenrolar de nossas vidas, cuja trajetória dependerá muito de nossas escolhas.

2 – E como estamos falando de tempo, o filme enseja uma reflexão sobre os caminhos para um tempo diferente a partir de uma nova experiência. Uma reflexão sobre o tempo Kronos, esse tempo exíguo que vivemos hoje, medido pelo relógio, quantitativo, que nos pressiona cada

vez mais (como o deus Kronos que na mitologia grega devorava seus filhos) e o tempo Kairös, que é o tempo qualitativo, tempo como algo a ser vivido, alguma coisa da qual se tira valor. Como o tempo da natureza, que cria ciclos de desenvolvimento e evolução, o tempo do humanismo e da atitude sustentável.

3 – Outra sequência descreve que Antônio veio ao mundo, cresceu em Nordestina e é apaixonado por Karina, mas ela quer ir embora de Nordestina e, somente ficaria, se pudesse desenhar o mapa do mundo de novo, com outra sociologia, outra filosofia e outra economia.

4 – Para não perder Karina, Antônio viaja em busca do futuro, mas antes de ir embora, tem um encontro/despedida com Nordestina, cidade que, como ele diz, não estava dando conta de sua finalidade, analogamente às organizações que não proporcionam oportunidades de crescimento para seus empregados, que não conseguem motivá-los, enfim que igualmente não cumprem sua finalidade.

5 – Outra sequência mostra que o tal mundo para onde o povo de Nordestina queria ir é a cidade grande. E quando Antônio chega nessa cidade grande, a primeira coisa que faz é ir a um templo de consumo. Vale um debate com as críticas que o filme faz à sociedade consumista, aos seguranças autoritários, aos estereótipos e à discriminação com os nordestinos e com as pessoas de nível social mais baixo.

6 – Muitas coisas acontecem, Antônio não consegue apresentar uma prova concreta de que foi ao futuro, então ele vai refazer o caminho de sua vida para saber o que precisaria ter feito diferente. Numa sequência antológica, os realizadores fazem uma metáfora, quando 50 anos depois Antônio velho vai ter um encontro com ele mesmo 50 anos mais moço, para viver novamente e fazer tudo diferente. Como é dito na cena – *tudo vai ser diferente se a gente tiver outra chance*. Nesta sequência, Antônio velho e Antônio moço trocam as bagagens, que representam na verdade a história de vida de cada um, a fim de que Antônio refaça o caminho de sua vida de forma diferente.

A sequência é perfeita para uma analogia com as organizações, à previsão de um futuro desejado, à reinvenção das nossas empresas da área de Recursos Humanos e como as lideranças precisam se transformar para transformar as organizações. Como dizia Peter Drucker, a melhor forma de prever o futuro é criá-lo.

7 – Por fim, depois que Antônio velho vai embora, Antônio moço volta à praça de Nordestina e todo o povo está em festa dando vivas para o homem que foi ao futuro para mudar o mundo. É outro momento belíssimo de transformação quando ele diz: *No futuro o medo vai virar lenda, a falta vai virar sobra, a palavra vai virar fato e alegria vai virar moda.* Nordestina agora é outra cidade, ficou famosa, vai cumprir sua finalidade e é finalmente colocada no mapa.

Ficha Técnica

Título: A Máquina
Ano: 2006
País: Brasil
Direção: João Falcão
Roteiro: Adriana Falcão e João Falcão
Fotografia: Walter Carvalho
Edição: Natara Ney
Música: Chico Buarque de Holanda e Robertinho do Recife
Elenco Principal: Paulo Autran, Gustavo Falcão, Mariana Ximenes, Vladimir Brichta, Wagner Moura, Lázaro Ramos
Produção: Diler & Associados, Miravista e Globo Filmes
Gênero: Drama / Fantasia
Duração: 89 minutos

Margin Call – o Dia Antes do Fim

Sinopse

Ambientado no alto mundo das finanças, Margin Call, de J. C. Chandor, é um *thriller* que cruza os destinos dos principais executivos num banco de investimentos em Nova York, com filiais em diversas partes do mundo, após serem informados de que um desastre financeiro sem precedentes estava prestes a ocorrer.

No espaço de 24 horas, os participantes tentam manter a rotina e encontrar uma solução para o que está por vir. As coisas acontecem rapidamente e as decisões que têm consequências econômicas e éticas precisam ser tomadas.

Tudo começa quando Peter Sullivan, um jovem analista de risco, descobre através de estudos dos gráficos de desenvolvimento da empresa que ela está correndo o risco de entrar em colapso.

Ao dar conhecimento do fato aos seus superiores, tem início a sucessão de acontecimentos que leva às decisões ao mesmo tempo financeiras e morais e que poderão colocar a vida de todos os envolvidos à beira do desastre.

O elenco, liderado por Kevin Spacey, inclui nomes de peso como Jeremy Irons, Demi Moore, Paul Bettany e Stanley Tucci.

Todos estão muito bem, principalmente Spacey que, com a habilidade de esconder os verdadeiros sentimentos do seu personagem, o torna a figura mais intrigante do filme. Para ele, se tratava de pessoas normais que produziam milhões de dólares cumprindo ordens sem questionar nada e sem se importar de que forma poderia afetar todo o mundo e em todas as áreas.

Temas

Comportamento humano, conflito, crise, decisão, equilíbrio emocional, ética, ganância, lealdade, poder, processo decisório.

Saiba Mais Sobre o Filme

Fazendo um retrospecto de fatos reais, vale lembrar que após um final de semana tenso, de reuniões e negociações com o governo e outros bancos, o Lehman Brothers – na Sétima Avenida, em Nova York – então o quarto maior banco de investimentos dos Estados Unidos, dispensou centenas de jovens analistas e executivos. No dia seguinte, estourava a maior crise financeira internacional desde a Quebra da Bolsa, em 1929. Margin Call, teoricamente, é uma obra de ficção. A empresa em questão não é Lehman Brothers, nem Golden Sachs, tampouco outra do grupo, mas fica evidente que o *thriller* se inspirou na crise de 2008.

Chandor, que foi diretor de comerciais para tevê, conhece bem o ambiente corporativo e constrói, com competência e ajuda da boa fotografia de Frank DeMarco, um clima de tensão sufocante em torno dos executivos em crise. Seu pai trabalhou por 40 anos para a Merrill Lynch, na seção de administração do *Bank of America* e serviu de consultor durante a produção do filme.

Margin Call é uma espécie de filme-denúncia, que mostra detalhadamente como o grupo geriu a crise corporativa, deixando espaço para que os espectadores tenham sua própria percepção sobre os fatos.

Não é necessário, no entanto, ter conhecimentos de economia, investimentos ou do sistema financeiro para entender o filme.

As cenas são praticamente concentradas no prédio do banco e a trama é mostrada quase em tempo real.

O excelente roteiro foi merecidamente indicado ao Oscar. A história é fortemente apoiada nos diálogos dos personagens onde os atores são peças-chave.

Margin Call abriu o Festival de Berlim em 2011 e foi um dos concorrentes ao Urso de Ouro naquele ano.

Transposição

Para melhor acompanhamento da caracterização dos personagens, sugerimos exibir o filme na íntegra, já que todas as cenas são importantes para o desenvolvimento do roteiro e entendimento da trama. O debate pode ser deixado em aberto e direcionado de acordo com o rumo dado pelos participantes.

Outra sugestão seria reunir os participantes em grupos e pedir que analisem os comentários surgidos com o filme, tais como:

1 – A progressiva instabilidade financeira dos mercados e a degeneração gradual da estabilidade emocional e moral dos indivíduos que não conseguiram evitar esse colapso que arruinou a vida de milhares de pessoas em todo o mundo. No filme, fica clara a intenção de fazer uma metáfora do empregado inexperiente que participou da situação por mero acaso, com a grande maioria da população que tomou conhecimento da crise de 2008, mas se manteve alijada em meio as notícias desencontradas da mídia, explicações tecnicistas e sem saber como e quando a catástrofe, que tanto a afetou, iria acabar.

2 – O procedimento dos personagens quanto à competitividade, à convivência social e profissional, ao controle emocional e às suas posturas éticas.

3 – A lógica de um mercado cuja ética e cujos valores conduziram ao atual estado de coisas. Os diálogos ilustram com perfeição a ambição e a ganância que caracterizam determinados profissionais ao participarem em perigosos jogos e arriscadas apostas financeiras que podem beneficiar alguns e prejudicar milhões.

4 – O questionamento sobre quais ações podem impedir que pessoas investidas em cargos importantes na empresa, extrapolem os limites de sua alçada de decisão e causem males e prejuízos, alguns irreversíveis para empregados, para a organização e para a sociedade.

5 – O comportamento que os profissionais devem ter no caso de demissões em massa e como isso pode afetar suas carreiras. Consideran-

do as crises que tem abalado a economia de vários países nos últimos anos, será que as pessoas estão preparadas para isso?

6 – Análise sobre declaração do diretor do filme quando afirma que a cobiça, causadora da crise, não foi somente de alguns, mas de muitos e é o reflexo de uma cultura baseada na ganância.

7 – Os aspectos universais do filme relacionados com a condição humana que podem envolver deslealdade, especulação, cobiça e traição.

Ficha Técnica

Título original: Margin Call
Título da tradução brasileira: Margin Call – O dia antes do fim
Ano: 2011
País: Estados Unidos
Direção e roteiro: J. C. Chandor
Fotografia: Frank G. DeMarco
Música: Nathan Larson
Edição: Pete Beaudreau
Elenco Principal: Kevin Spacey, Jeremy Irons, Demi Moore, Stanley Tucci, Paul Bettany.
Gênero: Thriller / Drama
Produção: Before the Doors Pictures
Duração do filme: 107 minutos

Um Método Perigoso

Sinopse

Um Método Perigoso, de David Cronenberg, aborda os anos de consolidação da psicanálise, através de três personagens chave: Sigmund Freud, Carl Gustav Jung e, entre os dois, Sabina Spielrein, cuja importância no tema é destacada como sendo maior que o registrado pelos documentos oficiais no próprio desenvolvimento da teoria psicanalítica.

Baseado num roteiro de Christopher Hampton (autor também da peça "The Talking Cure", uma das fontes da história), o filme foca na trajetória de cada um: Freud como o criador da psicanálise; Jung, um dos seus seguidores e tido como seu sucessor, até o rompimento e a opção pelo caminho próprio; e Sabina, jovem de nacionalidade russa, internada na clínica de Zurich onde Jung trabalhava. Ela foi sua paciente, depois amante, e voltou para seu país, onde desenvolveu carreira como psicanalista até ser fuzilada junto com duas filhas pelos nazistas.

O filme ressalta as diferenças entre os dois – não só de idade, classe social, religião (Freud era judeu, Jung cristão protestante), e personalidade. E, a partir de certo momento, divergem especialmente em sua postura profissional diante de aspectos cruciais na determinação da psiqué humana.

Um Método Perigoso é um drama que procura abordar com sensibilidade um momento preciso da história psicanalítica, possui muitas qualidades, principalmente na captação das imagens, na reconstituição de época e no trabalho dos atores.

Temas

Aceitação, competição, conflito, complexidade da mente humana, diferenças, egocentrismo, ética, história, impulsos, psicanálise, rivalidade, talento, tensão.

Saiba Mais Sobre o Filme

O filme concorreu ao Leão de Ouro no Festival de Veneza.

Este é o quarto filme de época de Cronenberg e o terceiro trabalho na sequência com Viggo Mortensen, depois de Marcas da Violência e Senhores do Crime.

A estrutura narrativa clássica e a forma sóbria, econômica e discreta como foi realizado, foge um pouco de outros filmes do diretor, como o aclamado Gêmeos, Mórbida Semelhança. Mas nada que comprometa a proposta e o resultado final.

Transposição

O filme tem um apelo maior com profissionais da área ligados ao tema como psiquiatras, psicanalistas e psicólogos, embora tenha vários aspectos presentes no mundo corporativo.

Sugerimos deixar o debate em aberto e relacionamos abaixo alguns temas já levantados em encontros realizados com o filme.

1 – O embate entre os dois personagens, ressaltando a amizade que os unia, mas também a rivalidade que sempre permeou a convivência entre eles.

2 – A perfeita reconstrução de época. Falando sobre as dificuldades para filmar voltando no tempo, o diretor explicou que, para um bom resultado, não basta filmar os atores nos figurinos de época. Segundo ele, é muito mais do que isso, há uma coisa realmente transcendental: os atores precisam ter a capacidade de se transportarem, de algum modo, para um tempo diferente e passarem uma verdade nessa transmutação.

3 – O desafio assumido pelo diretor de humanizar dois mitos do nível de Freud e Jung, tornando palpáveis tanto suas contradições, falhas, diferenças de opinião e rivalidades, quanto seus mais puros sentimentos.

4 – Freud mostrou que há coisas que apenas a racionalidade não pode resolver e deu um grande salto na compreensão do que é realmente a natureza humana. No momento em que se discute a necessidade de dar uma importância maior aos aspectos emocionais no cotidiano de nossas vidas como pessoas e profissionais, o assunto enseja um profícuo debate incluindo experiências reais dos participantes.

5 – A ruptura entre os fundadores da psicanálise talvez expresse um confronto de egos – é sabido que Freud não admitia críticas e questionamentos de sua autoridade profissional, um fato muitas vezes presente no ambiente organizacional.

6 – Os caminhos opostos trilhados por Freud e Jung. O primeiro preso a um rígido parâmetro científico, o segundo aceitando outras fontes menos ortodoxas de saber. E o fato de o filme não tomar partido por nenhum deles, apenas mostrando-os na extensão de sua dimensão humana.

Ficha Técnica

Título original: A Dangerous Method
Título da tradução brasileira: Um Método Perigoso
Ano: 2011
País: Inglaterra/ Canadá
Direção: David Cronenberg
Roteiro: Christopher Hampton
Fotografia: Peter Suschitzky
Edição: Ronald Sanders
Música: Howard Shore
Elenco Principal: Michael Fassbender, Viggo Mortensen, Vincent Cassel, Keira Knightley.
Produção: Recorded Picture Company
Gênero: Drama
Duração: 99 minutos

Michelangelo

Sinopse

A história narra a vida de Michelangelo e sua obra, entre elas o monumental afresco que, por determinação do Papa Julio II, realizou entre os anos de 1508 e 1512 no teto da Capela Sistina do Vaticano.

Consta que ele não queria ter feito esse trabalho, convencido de que era mais um escultor do que um pintor, mas executou a tarefa com tal maestria, que praticamente ofuscou as obras-primas de seus antecessores.

É um belo filme, com muitas lições para os gestores: narra a vida de Michelangelo, a proteção dos Médici, o episódio em que se deslumbra com o enorme bloco de mármore de Carrara, a gestão do radical Savonarola, a vocação, as perguntas que fazia para si mesmo, sua relação conturbada com o pai, a criação da Pietá quando tinha 23 anos e muitos momentos com Rafael e Leonardo da Vinci, seus contemporâneos.

Temas

Amizade, história, liderança, obstáculos, motivação, poder, potencial, rivalidade, superação, talento, vocação.

Saiba Mais Sobre o Filme

É baseado no livro do produtor e escritor italiano Vincenzo Labella.

Há outro filme (de 1965) com a história de Michelangelo – Agonia e Êxtase – dirigido por Carol Reed.

Transposição

O DVD do filme tem 274 minutos, divididos em dois discos, e vale a pena dedicar esse tempo para assisti-lo. De qualquer forma, a longa duração determina uma proposta diferente na transposição para a área de gestão.

Sugerimos um debate livre sobre os ensinamentos que traz em torno de algumas sequências com momentos da vida dos retratados tais como:

1 – Cena aos 1:10 (primeiro disco), em que Michelangelo teria dito a célebre frase – *há criaturas presas dentro desse bloco de mármore esperando para serem libertadas por mim.* Muitos anos depois, o poeta Carlos Drummond de Andrade disse, em um de seus poemas, uma frase com significado semelhante – *penetra no mundo das palavras que elas estão aí para que os poemas sejam feitos.* Ambas têm uma grande aplicação no mundo corporativo onde certamente há um significativo potencial para ser libertado, o que, sem dúvida, estaria entre as missões dos gestores.

2 – Nas sequências iniciais do segundo disco, Rafael diz: *o tempo é uma riqueza que não disponho. A vida é muito curta para desistirmos frente aos obstáculos.* É um pensamento que, certamente, enseja um profícuo debate envolvendo temas presentes no ambiente organizacional como persistência, superação, resiliência e como é importante, a exemplo do grande pintor, não desistirmos diante das adversidades para alcançarmos nossos sonhos, nossas realizações e nossos legados.

3 – Outra sequência aos 1:30 (segundo disco), que possibilita reflexões e debates é a cena em que Michelangelo imagina os afrescos na Capela Sistina, entre eles o da Criação do Homem. Encarregado pelo Papa Júlio II de pintar o teto da Capela, Michelangelo executou a tarefa contrariado, tanto que em uma noite, já exausto, escreveu em seu diário: *eu não sou um pintor.* Mesmo assim, se empenhou tanto na realização do trabalho que a obra, por muitos séculos, tem falado e emocionado milhões de pessoas.

Ficha Técnica

Título original: A Season of Giants
Título da tradução brasileira: Michelangelo
Ano: 1991
País: Itália
Direção e Edição: Jerry London
Roteiro: Vincenzo Labella e Julian Bond
Fotografia: Fabrizio Ancillai
Música: Riz Ortolani
Elenco Principal: Mark Frankel, F. Murray Abraham, Steven Berkoff, John Glover, Vanni Coberllini
Produção: Radiotelevisione Italiana e Turner Pictures
Gênero: Drama
Duração: 274 minutos

Nao Sei Como Ela Consegue

Sinopse

Baseado no livro da escocesa Allison Pearson, o filme segue Kate Reddy, uma mulher moderna que, além de cuidar dos filhos e do marido, precisa manter uma carreira de sucesso como executiva financeira.

As coisas se complicam quando ela tem um projeto aprovado por seu chefe, que a envia a Nova York para trabalhar junto ao financista Jack Abelhammer, um solteirão interpretado por Pierce Brosnan.

Seduzida pela oportunidade de sucesso, após assumir um posto mais alto e convivendo com um charmoso colega de trabalho, Kate vê mais ameaçada ainda sua habilidade de conciliar vida profissional e pessoal.

Kate, no entanto, continua apaixonada por seu marido Richard, que também foi promovido e com quem ela sabe que pode contar para ajudá-la e apoiá-la. Os dois, por sinal, fazem de tudo para ficarem juntos e manterem a família unida.

Além do cerne principal, que retrata a condição da mulher que trabalha fora e precisa harmonizar as funções de esposa, mãe e profissional, a história é interessante para aprofundar temas importantes como a maternidade e a educação dos filhos.

Por último, o filme tem o mérito de mostrar uma mulher bem-sucedida, mesmo casada. Geralmente, na abordagem de temas semelhantes, uma mulher de sucesso precisa ser sempre solteira.

Temas

Carreira, crises, decisão, diversidade, estresse, equilíbrio entre vida pessoal e profissional, ética, equipe, empreendedorismo, oportunidades, paradigmas, preconceito, rotulação, novos tempos, sucesso, talento.

Saiba Mais Sobre o Filme

Há muitos filmes que têm como tema central a mulher poderosa, a heroína, a mártir, a destemida, mas sempre retratando uma personagem específica. Este, embora gire em torno de Kate, aborda fatos que podem acontecer no cotidiano da grande maioria das mulheres.

Os realizadores questionam um modelo que ainda é bastante presente na sociedade atual, que não está totalmente livre de preconceitos e da forte herança patriarcal.

O filme tem problemas de roteiro e alguns clichês dispensáveis, mas como declarou seu próprio diretor, o viés caricatural objetivou tratar de forma bem humorada um tema sério e que ainda acontece na vida de muitas mulheres, principalmente em regiões nas quais a cultura ainda as vê de forma preconceituosa.

Transposição

O filme suscita várias percepções dos participantes e não apenas do público feminino, já que o universo onde ele se passa também tem muitos personagens masculinos. Além dos temas que certamente serão levantados para debate, sugerimos alguns ligados ao próprio filme, tais como:

1 – Kate é vítima de preconceitos de todos os lados: dos homens no trabalho, que veem a maternidade como empecilho para uma carreira profissional bem-sucedida; e também de algumas mulheres que consideram o trabalho um impeditivo para que ela possa dar uma atenção maior aos filhos.

2 – Além de precisar se desdobrar nas funções de mãe, esposa e empregada exemplar, Kate precisa lidar com expectativas sociais, sofre muitas cobranças, sente-se culpada e se estressa por não conseguir ter tempo suficiente para manter tudo sob controle.

3 – A validade ou não de algumas ideias passadas pelo filme através das reações de Kate.

- fazer listas anotando compromissos, tarefas e datas;
- agradecer sempre o que, além do reconhecimento, valoriza as conquistas e as oportunidades;
- aprender a dizer não, tendo a certeza que antes do sim é importante saber se haverá tempo disponível para mais uma tarefa ou convite;
- valorizar a família. O equilíbrio entre o tempo dedicado ao trabalho e à família é a parte mais difícil. Há momentos em que é preciso se desligar de tudo (inclusive do celular) e privilegiar a vida pessoal.

4 – O desafio enfrentado pela mulher moderna já não é o de provar sua competência, mas o de vencer a si mesma, superando a culpa e evitando a busca incessante pela perfeição. Enfim, compreender que não precisa ser uma heroína, mas apenas um ser humano legal.

Destaques

- Na sequência em que é surpreendida por seu chefe com o anúncio de uma viagem no final de semana, Kate recusa e diz que se ele quiser pode demiti-la. Em *off*, ela afirma que não se importa se for demitida por quatro motivos: tem duas vidas e não tem tempo para aproveitar nenhuma das duas; tentar ser um homem é desperdiçar uma mulher; seus filhos crescerão rápido e ela poderá ter perdido isso; de algum modo, em alguma hora, as coisas têm que mudar.

Ficha Técnica

Título original: I Don't Know How She Does it
Título da tradução brasileira: Não Sei Como Ela Consegue
Direção: Douglas McGrath
Ano: 2011
País: Estados Unidos
Roteiro: Aline Brosh McKenna e Allison Pearson
Fotografia: Stuart Dryburgh
Música: Aaron Zigman
Edição: Kevin Tent e Camilla Toniolo

Elenco Principal: Sarah Jessica Parker, Pierce Brosnan,
  Kelsey Grammer, Christina Hendricks, Olivia Munn
Gênero: Comédia / Romance
Produção: The Weinstein Company
Duração: 89 minutos

Orquestra dos Meninos

Sinopse

Baseado na vida real, Orquestra dos Meninos conta a história do maestro Mozart Vieira que, no final da década de 1970, na cidade de São Caetano, em pleno sertão pernambucano, resolveu ensinar música clássica para crianças que trabalhavam na roça. Num ambiente agreste, árido, carente e difícil, ele cria uma orquestra com 12 jovens, que passa a tocar Bach, Mozart, Villa-Lobos e outros grandes nomes da música clássica.

A orquestra adquire uma grande repercussão e acaba provocando uma reação forte das forças conservadoras que dominavam aquela área e que se sentiram ameaçadas. Na verdade era um grupo poderoso, uma oligarquia com muitos anseios políticos, que passa a temer que o maestro se torne uma nova liderança na região.

Para desestabilizar seu trabalho, sequestram um dos meninos do grupo e lhe fazem várias ameaças; Mozart é acusado de ter sido ele o sequestrador, além de ser chefe de uma seita secreta.

O maestro só conseguiu superar a angustiante situação porque, além de sua incrível capacidade de persistência e resiliência, obteve apoios importantes como o de Dom Helder Câmara, conhecido por sua força e liderança religiosa.

Assim, após superar obstáculos aparentemente invencíveis, a orquestra foi reconhecida internacionalmente e, com ajuda de países como a Bélgica e a França, Mozart conseguiu criar uma fundação na qual hoje cerca de 200 crianças e jovens aprendem a arte da música.

Temas

Aprendizagem, conflito, liderança, persistência, poder, potencial, quociente de adversidade, resiliência, significado do trabalho, sonhos, superação, talento.

Saiba Mais Sobre o Filme

O esforço de Mozart para concretizar seu sonho é transposto para a tela por Paulo Thiago com música, sensibilidade e lições de vida.

Para expressar a simplicidade e a emoção dos personagens, Thiago optou por uma linguagem trabalhada sob a estética de documentário. Na fase inicial da história, os personagens vivem crianças entre 13 e 14 anos que precisam trabalhar na roça para ajudar a família. A fase seguinte mostra os ritos de passagem e o envolvimento dos jovens com a música e a orquestra.

O elenco, liderado por Murilo Rosa, que interpreta Mozart, inclui jovens da comunidade de uma cidade de Sergipe, onde a história foi locada.

Thiago acompanhou o caso pelos jornais da época e decidiu filmar a versão parcialmente ficcional da história em 2000. Levou oito anos para realizar o longa-metragem, que utiliza locações externas (nenhuma cena foi feita em estúdio) e em estilo naturalista de iluminação.

O roteiro propicia riquíssimos momentos de sensibilidade e delicadeza ao evidenciar a descoberta da musicalidade por aquelas pessoas simples até então dominadas pela rudeza de suas vidas.

O filme é, acima de tudo, a trajetória de um sonhador que não desiste de realizar sua meta, mesmo que aparentemente pareça impossível.

A história mostra como o poder de uma vontade pode provocar uma grande transformação e a importância de resgatar figuras como o Maestro Mozart Vieira, um verdadeiro exemplo de persistência para realizar seu sonho e dividi-lo com outros seres humanos.

Transposição

1 – Propor um debate sobre as primeiras cenas da história do Maestro Mozart ainda menino ouvindo os sons dos pássaros. Mozart é neto do maestro da banda da cidade e já mostra sua vocação para a música e o seu sonho que, nessa etapa de menino, era ter uma banda como o avô tinha. O debate pode ser apoiado pela teoria de Howard Gardner, segundo a qual cada indivíduo é dotado de uma capacidade maior ou menor para diferentes aptidões.

2 – Conduzir um debate em torno das sequências em que o maestro Mozart começa a montar a orquestra e que tem uma grande conexão com o mundo corporativo, como a identificação do potencial, as diferentes competências e a gestão de talentos.

3 – Ao mesmo tempo em que o grupo inicial de meninos sem conhecimento e experiência de música vai se consolidando e se transformando numa orquestra, começam também os obstáculos: a resistência das famílias, a inveja dos políticos, as ameaças ao maestro e todas as ações que tentavam impedir a continuidade do seu trabalho. Propor um debate em torno da incrível persistência de Mozart que não esmorecia diante das dificuldades, o que acabou levando que seu sonho fosse alcançado e a Fundação fosse criada.

4 – Da mesma forma que os líderes lidam com tantos seres únicos e diferenciados e podem valorizar a diversidade em prol das estratégias das organizações, o maestro conseguiu identificar as diversas aptidões dos grupos em prol da criação da orquestra. Sugerimos envolver o grupo para refletir e debater a sinergia das aptidões, das habilidades, dos saberes, das imaginações e das energias.

5 – Quando o propósito é maior, as coisas acontecem. O propósito bom sempre acaba emergindo. Num paralelo com o mundo corporativo, lembrar que também nas organizações, as metas precisam ter firmeza de propósitos e, da mesma forma que aconteceu com o maestro, os profissionais de recursos humanos precisam visualizar oportunidades em cenários adversos, ocupar seus espaços na organização e não se curvar diante dos problemas e das ameaças.

Destaques

Cenas iniciais mostrando o maestro Mozart ainda menino ouvindo os sons dos pássaros. Mozart é neto do maestro da banda da cidade (por isso ele tem o nome de Mozart, que o avô colocou) e já mostra sua vocação para a música e o seu sonho de ter uma banda como a do seu avô.

Cena em torno dos 22 minutos mostrando reações à criação da orquestra e logo a seguir Mozart reunindo os jovens e pedindo para eles ouvirem os sons da natureza e começarem a tocar.

Sequência aos 54 minutos, mostrando a inauguração da Fundação e a Orquestra completamente consolidada e executando músicas clássicas.

Sequência em torno de 1.23, com a repórter do jornal da tevê anunciando a vitória do maestro e os depoimentos de artistas a favor de Mozart. Ao final, frases na tela indicam a trajetória dos doze integrantes iniciais da orquestra, que hoje conta com mais de 200 jovens.

Ficha Técnica

Título Original: Orquestra dos Meninos
Ano: 2008
Pais: Brasil
Direção: Paulo Thiago
Roteiro: Paulo Thiago, Melanie Dimantas e Graciela Maglie
Fotografia: Guy Gonçalves
Edição: Natara Ney
Música Original: Paulo Sérgio Santos
Elenco Principal: Murilo Rosa, Priscila Fantin, Othon Bastos,
   Olga Machado e outros
Produção: Vitória Produções Cinematográficas Ltda.
Gênero: Drama
Duração: 95 minutos

O Palhaço

O filme conta a história de Benjamin (Selton Mello) e seu pai, Valdemar (Paulo José), que, além de formar a dupla de palhaços Pangaré e Puro-Sangue, trabalham como administrador e dono do Circo Esperança, uma trupe mambembe que roda o interior do Brasil.

A certa altura, Benjamin acha que o circo perdeu a graça e ele está cansado de tudo: o esforço para convencer o público a ir ver o circo, a obrigação de agradar os prefeitos de cada cidade do caminho, as dificuldades para resolver os apertos financeiros e emocionais da trupe e, principalmente, a constatação da escolha de uma vocação errada. Pior, ele já não sabe muito bem quem é e o que quer da vida.

Num viés de comédia e pano de fundo dramático, o filme aborda o drama profissional de Benjamin e como sua crise de identidade começa a afetar a trupe.

Inspirado na longa tradição do circo mambembe, a história evidencia as estratégias que o palhaço Puro-Sangue com seu filho Pangaré encontram para contornar o drama que estão vivendo.

Ao lado da abordagem de temas relevantes que acontecem no cotidiano das organizações, o filme traz uma reflexão poética sobre a natureza humana e alguns aspectos circunstanciais da vida profissional ao discutir o lugar que ocupamos no mundo a partir de nossas escolhas e nossos dilemas.

Temas

Crise profissional e existencial, decisão, desprendimento, engajamento, escolhas, identidade, motivação, obstáculos, relacionamento, resgate, significado do trabalho, talento, vocação.

Saiba Mais Sobre o Filme

O Palhaço é um daqueles filmes acessíveis a todos os públicos, independentemente de faixa etária ou nível intelectual e, consequentemente, enseja interpretações e análises diferenciadas.

Os realizadores resgataram alguns atores afastados do palco, e que estavam no ostracismo, trazendo-os de volta à atividade como Ferrugem, Jorge Loredo e Moacyr Franco (ótimo, como o delegado da cidade).

O filme é parcialmente autobiográfico. Conforme declarou seu próprio diretor, ele mesmo, em determinada época de sua vida, passou por uma crise profissional e dúvidas quanto à vocação.

As simbologias e metáforas como a atração pelos ventiladores, certidão de nascimento, carteira de identidade, obtenção do CPF e outras expressam objetos de desejo do protagonista.

Os cenários e as locações procuraram atender às determinações do roteiro. Enquanto as cores fortes dominam o ambiente do picadeiro (onde a alegria e a descontração se sobrepõem a problemas e preocupações cotidianas), elas praticamente desaparecem a partir do momento em que a lona do circo vem abaixo, revelando os tons sóbrios das estradas de terra e vilarejos pobres por onde a caravana passa.

Transposição

Sugerimos a condução de um debate tendo como foco aspectos abordados no filme, tais como:

1 – Crise de identidade. O que fazer quando a vocação que nos levou à profissão que exercemos e para a qual nos preparamos é posta em cheque e a alternativa é a tomada de uma nova trajetória que nos leve a outros rumos? Para isso, é sempre necessária a disposição de abandonar

paradigmas e o entendimento que o novo pode assustar, mas também pode ser um caminho para uma vida mais plena, feliz e próspera. Ou até para a constatação de que estávamos no rumo certo.

2 – A importância de cada pessoa fazer aquilo para o qual tem mais talento e está mais preparada. O que pode acontecer no mundo corporativo quando os empregados não estão realizando aquilo que gostam e sabem fazer melhor?

3 – Reflexão sobre a questão relacionada com a postura dos líderes e gestores no mundo de hoje. As organizações, cada vez mais, precisam produzir bens e serviços que gerem resultados, mas que propiciem a evolução dos que nela trabalham e da sociedade como um todo.

4 – Analogia com a Jornada do Herói, de Joseph Campbell, quando após o afastamento de uma determinada situação e a posterior reflexão sobre ela, podemos rever nossas formas de perceber o mundo e reavaliar nossas ações.

5 – A moral da história proposta pelo viés fabular do filme e seu paralelo com as empresas no mundo atual.

Destaques

- Cena aos 28 minutos do filme em que o palhaço Puro-Sangue faz uma associação sobre uma frase que um homem lhe diz e a fase que seu filho, o palhaço Pangaré, está vivendo.

- Sequência aos 56 minutos mostrando cenas do diálogo entre Valdemar e Benjamin e o momento em que o circo vai embora e Pangaré abandona a trupe.

- No final do filme, a bela sequência que assinala a conscientização do personagem quanto à sua vocação e retorno ao circo na cena que metaforiza o seu renascimento e reencontro com o pai e parceiro no espetáculo circense.

Ficha Técnica

Título original: O Palhaço
Ano: 2011
País: Brasil

Direção: Selton Mello
Roteiro: Selton Mello e Marcelo Vindicatto
Fotografia: Adrian Teijido
Música: Plínio Profeta
Edição: Selton Mello e Marília Moraes
Elenco Principal: Paulo José, Selton Mello, Moacyr Franco, Renato Macedo, Teuda Bara, Jorge Loredo e outros
Gênero: Comédia dramática
Produção: Vânia Catani
Duração do filme: 90 minutos

A Partida

Sinopse

Daigo Kobayashi (Masahiro Motoki) é um músico profissional que toca violoncelo numa orquestra de Tóquio. Quando as audiências começam a cair, o grupo de músicos é desmantelado e a orquestra, dissolvida.

Desempregado e com a dívida da compra do violoncelo, ele se vê obrigado a devolver o instrumento que era um sonho em sua vida. Decide então partir acompanhado da mulher Mika (Ryoko Hirosue) para Sakata, Yamagata, sua cidade natal.

Em busca de uma nova profissão, fica animado quando vê nos classificados de um jornal diário o anúncio de um emprego que lhe atrai numa empresa que lida com "Partidas" por imaginar que se trata de uma agência de viagens. Ao procurar a empresa, a NK Agent, para uma entrevista, tem a frustração de saber que o cargo é para trabalhar no meticuloso e antigo processo japonês de preparar os mortos para cerimônias de despedida.

Depois de muito relutar, aceita o emprego e, apesar dos obstáculos e problemas iniciais, Daigo, sob orientação e conselhos do seu chefe Ikuei Sasaki (Tsutomu Yamazaki), acaba gostando do trabalho que inclusive é muito bem remunerado. Mas como a profissão é socialmente considerada desonrosa, ele esconde o fato de sua esposa e de todos, que imaginam Daigo trabalhando em uma agência de viagens.

Claro que ele não poderá esconder sua verdadeira ocupação para sempre e, quando sua esposa descobre, ocorre o confronto entre o amor que ela sente por ele e a repulsa por sua profissão.

O violoncelista passa a ser considerado uma espécie de burakumin, casta japonesa historicamente discriminada por suas profissões consideradas sujas.

O diretor consegue inserir um tema sombrio num contexto belo, acessível e apresentado de forma poética.

Temas

Carreira, cultura, decisão, desemprego, discriminação, escolhas, humanismo, memória, *mentoring*, motivação, respeito, significado do trabalho.

Saiba Mais Sobre o Filme

Desde que o diretor aceitou dirigir a história do escritor estreante Kundo Koyama, o filme demorou mais de dez anos para ser concluído, em parte pela extensa pesquisa exigida pelo tema abordado.

Por contar também a história de um violoncelista, a trilha sonora de Joe Hisaishi é linda e perfeitamente adequada à trama, com composições de Brahms, Beethoven e Schubert.

Derrotando vários favoritos ao prêmio, o filme ganhou o Oscar de melhor filme estrangeiro do ano e o Grande Prêmio das Américas no Festival de Montreal.

Além desses e outros em vários festivais mundiais, conquistou os troféus da exigente Academia Japonesa para melhor filme, roteiro, diretor, ator principal, ator coadjuvante, atriz coadjuvante, fotografia, edição, som e efeitos visuais.

O título original *Okuribito* significa "O envio de pessoas", mas a palavra não é usada normalmente em japonês.

Transposição

O filme leva à reflexão e ao debate de inúmeros temas presentes não apenas no mundo corporativo, mas também no nosso cotidiano, tais como:

1 – A trama paralela da relação de Daigo com seu pai desaparecido e a influência que teve no seu comportamento.

2 – O papel de mentor de Sasaki (patrão de Daigo) diante do drama vivido por ele.

3 – O confronto entre o amor e a rejeição pela profissão.

4 – As razões que levam as pessoas a encontrar motivação e significado num trabalho supostamente considerado controverso ou desonrado.

5 – A discriminação contra determinadas profissões que, em última análise, marginaliza pessoas que, por vocação ou necessidade, aceitam exercê-las.

6 – A forma como a empresa colocava os anúncios na intenção de atrair os candidatos e, dessa maneira, assumindo também uma atitude preconceituosa sobre o trabalho que seria desempenhado.

7 – A manutenção de rituais e tradições do passado em confronto com as resistências impostas por novos padrões culturais.

8 – O talento do diretor, conseguindo mostrar de forma leve, mas ao mesmo tempo profundamente sensível, o tema da morte, que muitos consideram tabu e difícil ser abordado.

Ficha Técnica

Título original: Okuribito
Título da tradução brasileira: A Partida
Direção: Yojiro Takita
Ano: 2008
País: Japão
Roteiro: Kundô Koyama
Fotografia: Takeshi Hamada
Música: Joe Hisaishi
Edição: Akimasa Kawashima
Elenco Principal: Masahiro Motoki, Tsutomu Yamazaki, Ryöko Hirosue, Kazuko Yoshiyuki, KimikoYo
Gênero: Drama
Produção: Amuse Soft Entertainment e Asahi Shimbunsha
Duração: 130 minutos

Pequena Miss Sunshine

Sinopse

Uma família disfuncional faz uma viagem à Califórnia, atravessando o deserto em uma Kombi, para que Olive Hoover, a filha caçula, participe de um concurso de beleza infantil.

Seu pai, Richard, é um palestrante motivacional que tenta vender, sem sucesso, seu "Programa de nove passos" para eventos corporativos. Parece encarnar a obsessão pelo sucesso material e o desprezo por quem não se encaixa nesse perfil. Para ele, o mundo divide-se entre vencedores e perdedores.

Olive, por sua vez, é fascinada por concursos de beleza e fixada em ganhar Miss Sunshine. O irmão dela (Dwayne) é um adolescente complicado, que deseja ser aviador; o tio (Frank) tentou o suicídio porque perdeu seu companheiro para outro homossexual que tinha sido o vencedor em um concurso do qual os dois participaram como "melhor conhecedor de Proust"; o avô (Edwin) é dependente químico; a mãe (Sheryl) se esforça para segurar as pontas da família.

Além de possibilitar o debate sobre temas sérios que influenciam nossas vidas e o cotidiano das organizações, o filme mostra também a inadequação dos adultos quando castram a infância de seus filhos para realizar os próprios ideais de sucesso, contribuindo muitas vezes para a formação de crianças pasteurizadas, tanto na estética quanto nas atitudes para enfrentar o mundo no qual vivemos.

Temas

Burocracia, busca pelo sucesso, discriminação, educação, fracasso profissional, poder da mídia, resiliência, ritos de passagem, valores.

Saiba Mais Sobre o Filme

A história é propositadamente apresentada de forma caricatural e satírica, mas não deixa em momento algum que o viés de comédia ofusque a seriedade da proposta.

O filme foi lançado no Festival de Sundance de forma discreta e com pouca divulgação. Após ter sido ovacionado na concorridíssima sessão de estreia, levou o evento a programar, de última hora, sessões extras e debates acerca do tema.

Indicado ao Oscar em várias categorias, inclusive a de melhor filme, ganhou o prêmio de roteiro e de ator coadjuvante para Alan Arkin, que vive o personagem do avô.

Transposição

O filme é muito rico, não só como objeto de reflexão, mas também para debater inúmeros temas de nossas vidas profissional e pessoal. Uma sugestão seria trabalhar a história seguindo alguns eixos, de acordo com as indicações do roteiro:

Transformação

No filme: Os componentes da família Hoover se transformam a partir dos obstáculos e das dificuldades.

Na transposição: Fazer referência às possibilidades de transformação. Quais descobertas estão aprimorando o desenvolvimento do ser humano?

Realização

No filme: Richard continuava realizando suas palestras motivacionais, mas não tinha a competência pessoal de autopercepção e autoconhecimento.

Na transposição: Quais novas competências estão determinando a qualidade do desempenho? Como superar dificuldades? Quais estratégias devem ser seguidas?

Prioridades

No filme: os componentes da família eram seis perdedores. Não tinham o sucesso tão propagado e exigido pela sociedade contemporânea.

Na transposição: Tendo em mente as características do mundo atual e sem fronteiras, quais prioridades são importantes para sobrevivermos com sucesso?

Obstáculos

No filme: A burocracia (e insensibilidade do pessoal no hospital) na hora em que o avô morre. Ao invés de lutar ou se insurgir contra as normas do poder burocrático, Richard resolve seguir o raciocínio lateral (como estudado por Edward De Bono) e opta por continuar, ainda que ilegalmente, com o corpo do avô no carro. Numa difícil relação social que ele não via como contornar, "impõe" sua própria vontade.

Na transposição: O poder da burocracia no mundo corporativo. Segundo Max Weber, o poder burocrático é muito mais do que as normas e os procedimentos ser obedecidos, ele literalmente costuma entravar e/ou impedir o seguimento do processo.

Resultados

No filme: A união conquistada pela família. Durante o percurso, os personagens crescem e os laços são reatados justamente pela provação: o desemprego de Richard, a morte do avô, o daltonismo de Dwayne, que o impedirá de ser piloto, entre outros.

Na transposição: Engajamento a partir das pessoas. Ampliar a visão em um mundo que está em constante mudança. Estabelecer um projeto de vida.

Atração

No filme: O talento dos atores e dos diretores, que abordaram um tema da maior seriedade de forma leve e cômica.

A oportunidade identificada pelos festivais / distribuidoras em capitalizar o enorme sucesso (até inesperado) que o filme teve.

Na transposição: Criatividade e Inovação. Os talentos que as organizações estão precisando. O que torna uma organização atraente para os talentos do mercado?

Outros Pontos para Reflexão

1 – Será que o mundo divide-se mesmo entre perdedores e vencedores, como a sociedade ocidental costuma rotular? A história do filme diz nas entrelinhas que a vida inclui perdas e ganhos, ser forte e ser fraco, acertar e errar, sofrer e ser feliz, aceitar as limitações e tentar superá-las. E nos faz acreditar que vale ser como somos, frágeis, com dúvidas, medos, enganos, mas também com coragem, acertos e forças.

2 – Crítica aos valores da sociedade contemporânea discutindo temas como o culto à beleza e rejeição a tudo que é diferente dos padrões estabelecidos.

3 – A decisão de Richard de seguir viagem com o corpo do avô (decisão baseada no raciocínio lateral).

4 – Crítica aos programas motivacionais e de autoajuda.

5 – O *road movie*, estilo de filme caracterizado como uma viagem interior (Central do Brasil, Sem Destino, Easy Rider, Diários de Motocicleta e outros).

6 – 250 mil crianças americanas já participaram de concursos de beleza. As meninas que atuam no filme são veteranas desse tipo de concurso. Em 2008 a gaúcha Natalia Stangherlin venceu a disputa pelo Miss Mini Mundo no Equador, e Kauane Pyl, do Paraná, já participou de mais de 20 certames do mesmo tipo.

Ficha Técnica

Título original: Little Miss Sunshine
Título da tradução brasileira: Pequena Miss Sunshine
Ano: 2006
País: Estados Unidos
Direção: Jonathan Dayton e Valerie Faris
Roteiro: Michael Arndt
Fotografia: Tim Suhrstedt
Edição: Pamela Martin
Música: Mychael Danna e DeVotchika
Elenco Principal: Abigail Breslin, Greg Kinnear, Paul Dano, Alan Arkin, Toni Collette, Steve Carell
Produção: Fox Searchlight Pictures
Gênero: Comédia dramática
Duração: 101 minutos

O Porto

Sinopse

O filme é a história de Marcel Marx (André Wilms), um escritor e boêmio que se instalou em Le Havre, uma pequena cidade portuária francesa, onde trabalha como engraxate, após ter deixado para trás o sonho de ser um autor renomado.

Mesmo assim, vive feliz com sua esposa e gosta de espairecer no bar preferido, até que conhece um menino negro, refugiado da África, que desembarca ali por acidente, acreditando que está em Londres.

Marcel decide ajudar o jovem a escapar da sanha das brigadas anti-imigração e cruzar a Mancha para ir ter com a família na Inglaterra.

A partir daí a vida de Marcel nunca mais será a mesma, pois, além de buscar meios para cuidar da esposa que adoece, precisa conviver com a repressão policial que segue a pista do jovem refugiado.

Para realizar o filme, Kaurismaki se cercou dos colaboradores habituais como o fotógrafo Timo Salminen, que criou tonalidades intensas lembrando a obra de Edward Hopper, o pintor americano que mostrava em seus quadros o drama da solidão e da desesperança, um sentimento sempre presente na mente e na obra do talentoso cineasta.

E, em boa hora, retomou também sua parceria com o montador Timo Linnasalo. Como os roteiros de Kaurismaki quase sempre constituem-se de diálogos muito curtos, deixando que a maior parte dos sentimentos sejam expressos por olhares e gestos, exigindo uma montagem mais ágil, como é característica do ótimo trabalho normalmente realizado por Linnasalo.

O filme deixa claro que não pretende apresentar uma proposta de solução para a questão dos refugiados, imigrantes ou excluídos: o importante é a abordagem do tema.

Temas

Diversidade, exclusão social, estética da diferença, humanismo, imigração, marginalidade, preconceito, solidariedade.

Saiba Mais Sobre o Filme

O Porto é mais um filme do diretor finlandês sobre os marginalizados da sociedade, como já havia mostrado na sua tocante trilogia da exclusão, iniciada com os males do desemprego (Nuvens Passageiras – 1996), seguida pelo drama dos moradores de rua (O Homem Sem Passado – 2004) e encerrada com a abordagem da solidão (Luzes na Escuridão – 2006).

Ele é também diretor do ótimo Juha (1989), um filme mudo realizado em preto e branco, sobre uma mulher casada seduzida por um forasteiro que pernoita em sua casa.

O diretor é o irmão mais velho do também cineasta Mika Kaurismaki, que vive a maior parte de seu tempo no Brasil, onde já filmou Amazonas e Tigrero, em 1994 com Samuel Fuller e Jim Jarmush; e Brasileirinho, em 2004, sobre os chorinhos e seus músicos.

Mas enquanto Mika expressa sua arte em filmes extrovertidos, alegres e musicais, Aki prefere retratar as mazelas da sua Finlândia e sua casta de excluídos, que vivem à margem de uma sociedade que parece os ignorar.

O detetive do elenco se chama Monet numa homenagem ao pintor impressionista francês nascido efetivamente no porto de Havre.

O Porto concorreu à Palma de Ouro em Cannes, onde ganhou o Prêmio da Fipresci (Federação Internacional da Crítica Cinematográfica).

Transposição

Embora suscite o debate de inúmeros temas em áreas diversas, a ênfase na transposição para o mundo corporativo está relacionada à universalidade do tema, à solidariedade e à exclusão social. Sugerimos trabalhar a história seguindo alguns aspectos que são abordados no filme, entre eles:

1 – Universalidade – O filme é ambientado em Le Havre, uma cidade portuária da Normandia, mas a história poderia se passar em qualquer lugar do mundo. O estilo de Aki nos leva a locais mais subjetivos, fazendo com que nos afastemos do "lugar físico em si", e prestemos mais atenção ao tema, aos olhares, às sensações e à encenação dos personagens.

2 – Solidariedade – O ato de Marcel acaba contagiando a cidade de Le Havre, provocando, em praticamente todos os moradores, o desejo de ajudar o jovem a chegar à Inglaterra. Eles se unem contra a opressão das autoridades, recorrem à solidariedade e todos se tornam cúmplices na luta pelo objetivo.

3 – Exclusão social – A desigualdade social mostrada no filme remete ao papel que as organizações devem ter com as comunidades onde atuam, colocando a sustentabilidade em sua estratégia de negócios, de forma a contribuir com a transformação do quadro de excluídos e o fortalecimento de uma mentalidade que produza as mudanças necessárias para superação da crise civilizatória do mundo atual.

4 – Imigração – é sempre um tema relevante, principalmente considerando a globalização e a situação dos expatriados, que muitas vezes são vistos com desconfiança e até marginalizados em face de eventuais diferenças culturais, podendo trazer resultados negativos para as organizações.

5 – Conjunto harmônico – não há destaques ou pontos diferenciados em qualquer personagem. Todos, mesmo aqueles que estão em papéis secundários, são relevantes, não apenas pela importância que o roteiro atribui a cada um no desenvolvimento da história, mas devido às interpretações em total sintonia com o viés do filme. Numa transposição para o mundo empresarial, vale uma reflexão sobre a importância que todos, independentemente do cargo ou da função que ocupam, devem ter na organização.

Ficha Técnica

Título original: Le Havre
Título da tradução brasileira: O Porto
Ano: 2011
País: Finlândia
Direção e Roteiro: Aki Kaurismaki
Fotografia: Timo Salminen
Edição: Timo Linnasalo
Elenco principal: André Wilms, Kati Outinen, Jean-Pierre Darroussin, Elina Salo, Evelyne Didi,
Produção: Sputnik Oy e Pyramide Productions
Gênero: Drama
Duração: 93 minutos

A Rede Social

Sinopse

O filme aborda os bastidores da criação do Facebook e seu impressionante e vertiginoso crescimento.

A história tem início em 2003 quando o jovem Mark Zuckerberg, então aluno de Harvard, coloca em prática uma ideia que culmina na criação da rede e o torna o mais novo bilionário da Internet. O sucesso, no entanto, vem acompanhado de complicações pessoais e legais.

O livro inclui outros personagens que tiveram papel fundamental na criação do Facebook, entre eles o carioca Eduardo Saverin, amigo de Zuckerberg em Harvard.

Zuckerberg é interpretado por Jesse Eisenberg e Andrew Garfield interpreta Saverin. O cantor Justin Timberlake vive o empresário Sean Parker, um dos criadores do Napster.

A Rede Social não é um filme somente sobre a famosa rede e nem mesmo apenas sobre Internet; essa não era a principal intenção de Fincher e do roteirista Aaron Sorkin. O Facebook é pano de fundo para contar uma história que envolve muitos outros aspectos presentes no cotidiano do mundo corporativo e de nossas vidas.

Temas

Amizade, comunicação, conexão, criatividade, empreendedorismo, Geração Y, lealdade, poder, ritos de passagem, solidão, talento, tecnologia.

Saiba Mais Sobre o Filme

A história é baseada no livro *O Bilionário Acidental* (The Accidental Billionaire), de Ben Mezrich. Como a autoria do Facebook está envolvida numa teia de suposições, o livro recorre a vários pontos de vista para mostrar o desenvolvimento da trama.

O filme deixa em aberto que ninguém parece estar errado: nem Zuckerberg, nem o sócio fundador Saverin, nem os gêmeos Winkleyoss, que teriam dado a ideia original, tampouco Sean Parker, que se incorporou ao projeto.

O diretor revelou que uma das coisas que mais o atraiu para realizar o filme foi o "efeito Rashomon" da história, numa referência ao filme do diretor japonês Akira Kurosawa, que apresenta várias versões para um mesmo fato.

O Facebook é também objeto de outro livro: O *Efeito Facebook: Por Dentro da Empresa que está Conectando o Mundo*, de David Kirkpatrick.

Transposição

Por abordar um tema atual e, cada vez mais presente no mundo corporativo, o filme possibilita o debate sobre muitos aspectos, entre eles os sugeridos abaixo.

1 – O impacto da tecnologia e como ela vem mudando a vida das pessoas.

2 – A tecnologia da comunicação através de redes sociais deu um novo sentido à existência humana e levou a uma reformulação do modo como as pessoas vivem e se relacionam em sociedade, alterando também fundamentalmente o cotidiano e os interesses corporativos.

3 – As oportunidades criadas pelas mídias sociais para especialistas em marketing e comunicação de utilizar a ferramenta para ações de atração, retenção de clientes, reconhecimento de marca e outras.

4 – O crescimento do interesse das empresas em contratar executivos para adequar estratégias de marketing tradicionais às redes sociais e às ferramentas on-line que vêm crescendo a cada dia.

5 – O Facebook – assim como outras redes – é uma fonte de informação na divulgação de perfis, amigos, predileção, hábitos de consumo e outros itens que resultam num tipo de marketing social e em uma forma rápida de atingir potenciais consumidores.

6 – A utilização da rede possibilita mensurar fatores como redução do investimento em pesquisa e em estruturas físicas, elevação da propensão do consumo, geração de valor para produtos já existentes, definição do foco e minimização de barreiras geográficas e culturais.

7 – As redes sociais estão determinando uma revolução comportamental, originando um novo código de conduta e novas regras de etiqueta entre as pessoas.

8 – As redes sociais podem ajudar na captação e na divulgação do perfil de um candidato a emprego e na divulgação da própria empresa.

9 – Os ritos de passagem da adolescência, com os elementos que surgem nessa fase, como necessidade de afirmação, status e validação social.

10 – As características das pessoas desse grupo, a chamada Geração Y, tais como: vivência em redes, motivação por coisas que fazem sentido, superação de obstáculos com maior naturalidade, grande habilidade em informática e em tecnologias digitais e opção por hierarquias menos rígidas.

Destaques

- Sequência aos 7:45 minutos, quando Zuckerberg decide criar um site com a comunidade de Harvard.

- Sequência aos 12 minutos, quando os envolvidos sentem o impacto que a rede poderá vir a ter.

- Sequência aos 36 minutos, quando Zuckerberg expõe a idealização que poderá resultar no Facebook.

- Sequência aos 1:05:50, mostrando uma reunião com Zuckerberg, Eduardo e Sean Parker debatendo as estratégias e o futuro da rede.

- Cena final aos 1:54:32, apresentando o resultado dos processos judiciais e a situação dos envolvidos.

Ficha Técnica

Título original: The Social Network
Título da tradução brasileira: A Rede Social
Ano: 2010
País: Estados Unidos
Direção: David Fincher
Roteiro: Aaron Sorkin, David Fincher, Ben Mezrich
Fotografia: Jeff Cronenweth
Edição: Kirk Baxter e Angus Wall
Música: Trent Reznor e Atticus Ross
Elenco Principal: Jesse Eisenberg, Andrew Garfield, Justin Timberlake, Armie Hammer
Produção: Columbia Pictures
Gênero: Drama
Duração: 120 minutos

Rio

Sinopse

O filme é a história de Blu, uma arara azul em extinção, que quando era filhote fora capturada por traficantes de animais exóticos e vendida nos Estados Unidos.

Em terras norte-americanas, o caminhão que transportava os animais ilegais freia num sinal vermelho e a caixa com Blu cai acidentalmente.

Linda, dona de uma loja de livros em Minnesota, acha a caixa, adota Blue e passa a conviver com o pássaro. Tudo é muito tranquilo, até que Túlio, um biólogo brasileiro, vai à loja de Linda e diz que Blu é o único macho da sua espécie e que Jade, a última fêmea, se encontra no Rio de Janeiro.

A ideia parece absurda à Linda, mas depois ela concorda em ir ao Rio por um bem maior. Lá, Blu vai passar por experiências novas para ele, já que vivia protegido numa pequena loja na fria cidade americana: desafios, amizades, amor, brigas e, o pior de tudo, a dificuldade de precisar enfrentar tudo sem saber voar, deficiência que tenta superar desde pequeno.

A maturidade, até então nunca confrontada pelo pássaro, é posta à prova e, após muita luta e força de vontade, consegue voar e vencer os obstáculos e perigos que enfrentou à sua frente.

Temas

Desigualdades sociais, diferenças culturais, diversidade, engajamento, estereótipos, ética, extinção de espécies, meio ambiente, sustentabilidade, talento, valores.

Saiba Mais Sobre o Filme

O diretor, fundador da pequena Blue Sky, nasceu e foi criado num subúrbio do Rio.

A direção musical é do ícone brasileiro no exterior, Sergio Mendes, que há 50 anos faz sucesso no mundo inteiro com ótimas composições próprias, de Carlinhos Brown, Mikael Mutti e Siedah Garrett, mesclando o samba carioca típico com refrão de músicas-tema de filmes infantis.

Dramaturgicamente, a história pode passar uma intenção de falar mal ou até uma visão caricata da cidade. Na verdade, o filme é um canto de amor ao Rio, mas não acrítico (o próprio diretor disse isso). Ao lado das belezas da cidade, mostra também favelas e muitas mazelas que podem desagradar e causar desconforto.

Real in Rio, de Sergio Mendes, Carlinhos Brown e Siedah Garrett, foi indicada ao Oscar na categoria de melhor canção.

Transposição

Entre outros, sugerimos a reflexão e o debate em torno dos seguintes pontos:

1 – Sustentabilidade. A trama aborda questões como desigualdades sociais, extinção das espécies, tráfico de animais e outras denúncias de interesse mundial. Tais aspectos possibilitam um debate não apenas sobre o meio ambiente relativo à fauna e à flora, mas também sobre a necessidade de considerar, como parte desse meio, as relações entre os seres humanos, conforme concebido por John Elkington em seus estudos sobre o assunto.

2 – Talento. O filme equilibra entretenimento, bom roteiro, boa direção e bons personagens. Vale uma abordagem sobre o talento da equipe que criou um show com música, flores, mar, misturas e os diver-

sos contrastes característicos do Rio. Além da paisagem iluminada com imagens virtuais que parecem reais de uma cidade viva e colorida, a Sapucaí reconstituída, com o desfile da escola de samba, é um prodígio.

3 – Diversidade. O filme ressalta que a alegria da cidade vem da harmonia e da diversidade tanto da fauna e da natureza quanto da nossa gente, mesclando pobreza e riqueza num só plano, sem tentar ofuscar a realidade.

4 – Choque cultural. A situação de Blu permite uma metáfora com o choque cultural que pode acontecer com algumas pessoas fora do seu habitat e da cultura na qual foram criadas. Numa transposição para o mundo corporativo, enseja um debate sobre atuações transculturais e a situação de expatriados.

5 – Estereótipos. Uma reflexão interessante situa-se na opção do diretor de não maquiar defeitos tais como: a briga de gangues rivais, macacos furtando turistas desavisados no Cristo, o jeito meio irresponsável do povo encantado com o carnaval esquecendo o próprio trabalho, como o guarda do centro de recuperação de aves. Além de uma série de aspectos da nossa realidade, como a simplicidade do brasileiro, a pobreza do menino favelado e sem família, dormindo no telhado de um barraco com linda vista para a cidade, que por sinal, é um dos planos mais instigantes do filme.

6 – Excesso de proteção. Blu era extremamente protegido pela americana que o adotou. No momento em que se depara com perigos e desafios, não estava preparado para enfrentá-los, situação que possibilita analogia com alguns seres humanos que podem encontrar dificuldades quando são colocados fora do "ninho" e da zona de conforto.

7 – Amarras psicológicas. O que impedia Blu de voar era um problema psicológico. Vale também uma transposição para o mundo corporativo e para nossas vidas pessoal e profissional onde adquirimos e mantemos amarras psicológicas que, muitas vezes, nos impedem de voar e tomar a rédea de nossas vidas.

Destaques

As cenas iniciais com as aves cantando e o momento em que os traficantes levam o filhote Blu para os Estados Unidos e ele é adotado por uma americana.

Sequência em torno de 1.22, quando Blu, sensibilizado pelo amor e livre das amarras psicológicas, finalmente consegue voar.

Cenas finais mostrando Linda e Túlio como uma família. Jade, livre na natureza, como queria. Também são vistos os filhotes de Blu e Jade, enquanto os contrabandistas são presos.

Ficha Técnica

Título original: Rio
Título da tradução brasileira: Rio
Ano: 2011
País: Estados Unidos / Brasil
Direção: Carlos Saldanha
Roteiro: Carlos Saldanha e Earl Richey Jones
Fotografia: Renato Falcão
Edição: Harry Hitner
Música: John Powell
Produção: Twentieth Century Fox Animation e Blue Sky Studios
Gênero: Animação /Aventura
Duração: 96 minutos

A Separação

Sinopse

Dirigido por Asghar Farhadi e ambientado no Irã dos dias de hoje, a história segue uma familia formada por Simin (Leila Hatami), Nader (Peyman Moadi) e a filha de ambos, Termeh (Sarina Farhadi, filha do diretor).

Quando Simin decide deixar o Irã para dar um futuro melhor para Termeh, Nader se recusa a acompanhá-la porque precisa cuidar do pai, doente com Alzheimer.

Simin decide então voltar para a casa dos pais e Termeh prefere ficar com Nader. A história toma outro rumo quando ele contrata Razieh, uma mulher grávida, para ajudá-lo a tomar conta do seu pai. Ela aceita o emprego sem seu marido Hodjat (Shahab Hosseini) saber. Embora esteja desempregado, ele jamais permitiria que ela trabalhasse numa casa em que a esposa está ausente.

Em face dos costumes religiosos, que se misturam com as leis do país, Razieh entra em conflito com suas tarefas cotidianas, que incluem banhar o idoso doente. Além desse e outros problemas familiares, tem que levar a filha pequena (Kimia Hosseini) para o trabalho. Um dia, ela precisa sair repentinamente, Nader chega mais cedo em casa e descobre o pai sozinho e amarrado na cama.

A partir daí, o filme aprofunda as relações entre marido e mulher, pais e filhos, e patrão e empregada, numa trama intrigante, com diálogos calculados, informações no momento certo, mantendo os espectadores atentos e tocados pela história.

Sem colocar ostensivamente política em seu filme, embora ela se faça presente o tempo todo, Farhadi expõe um painel intenso da sociedade iraniana atual.

O cotidiano dos personagens é retratado com tamanho naturalismo que, em certos momentos, temos a impressão de estarmos assistindo a um documentário.

O engajamento discreto do diretor mostra que seu país tem problemas, mas as críticas aos costumes e à religião são feitas de forma sutil e sem agressividade e ele não impõe seu julgamento para o público. Até porque, na trama, não existem heróis ou vilões, existem pessoas normais.

A Separação é um belo e intenso drama, extremamente honesto e que em nenhum momento tenta influenciar ou induzir a audiência. Por isso termina em aberto, marcado pela premência social, mas também pela riqueza de coerência da realização.

Temas

Arbitrariedade, conflito, cultura, diferenças, discriminação, estereótipos, justiça, padrões, paradigmas, preconceito, religião, separação de classes, valores.

Saiba Mais Sobre o Filme

Além da ótima receptividade de público e crítica, A Separação vem acumulando prêmios: ganhou o Urso de Ouro no Festival de Berlim, o César na França e, nos Estados Unidos, o Globo de Ouro e o Oscar como melhor filme estrangeiro. Em Berlim, o filme ganhou ainda dois Ursos de Prata para o conjunto das interpretações masculina e feminina.

A curiosa origem do projeto começou quando Farhardi estava em Berlim trabalhando num roteiro para um filme que se passava inteiramente na cidade alemã. Uma noite, na casa de um amigo, ouviu uma música iraniana e, repentinamente, sua mente foi tomada por memórias e imagens ligadas a outra história. Ainda tentou se concentrar no roteiro que estava desenvolvendo, mas as ideias de A Separação já tinham formado raízes. Voltou para o Irã e começou a escrever um novo roteiro.

Diretor do também ótimo Procurando Elly, Farhadi voltou a realizar neste trabalho um drama poderoso moral e social.

Transposição

É importante levar em conta o simbolismo e as metáforas do filme que possibilitam uma analogia com vários momentos da vida das pessoas, aspectos familiares, profissionais, cidadãos, religiosos, legais e outros. Seguindo as mensagens passadas pelo roteiro, sugerimos alguns deles a seguir:

1 – O viés fabular da história onde há um acontecimento e são contrapostos vários pontos de vista, variadas versões e opiniões, estabelecendo uma meticulosa discussão sobre a elaboração da verdade. O fato remete à importância de conhecer as várias versões de um mesmo fato, considerar todos os seus ângulos e as diferenças de percepções.

2 – Ninguém quer abrir mão de sua altivez, baixar a arrogância ou procurar minimizar o conflito. Não existe mais a tolerância entre aqueles que aparentemente se amavam, apenas um orgulho corrosivo que se justifica em uma honra duvidosa. A rigidez e intransigência afetam principalmente as crianças, vítimas em potencial de toda a encenação. Na transposição para o mundo corporativo, vale um debate sobre a importância de ceder, se colocar no lugar do outro, dialogar, procurando ser parte da solução e não do problema.

3 – Trama metafórica de uma situação micro; o filme remete ao universo macro dos conflitos da região onde fortes padrões culturais e religiosos estão acima de uma resolução pacífica. Da mesma forma, nas organizações, muitas vezes o impasse está relacionado com ocorrências passadas, políticas da empresa, aspectos estruturais, enfim, uma situação menor originária de um contexto maior.

4 – O filme traduz muito mais o distanciamento e a falta de diálogo de um povo do que o rompimento de duas pessoas em particular.

5 – Universalidade. Acima de diferenças sociais, econômicas e culturais e concentrando o foco naquilo que é essencial à natureza humana, A Separação traz uma história universal.

6 – Diferenças sociais. A família de Nader pertence a uma classe mais alta, é ávida por conhecimento, educação e praticante de atitudes igualitárias na questão homens e mulheres. Do outro lado, a empregada Razieh é pobre, humilde, temente aos preceitos religiosos, enquanto seu marido segue rigidamente a linha das orientações estabelecidas pela cultura iraniana e pela religião islâmica.

Ficha Técnica

Título original: Jodaeiye Nader az Simin
Título da tradução brasileira: A Separação
Ano: 2011
País: Irã
Direção e Roteiro: Asghar Farhadi
Fotografia: Mahmoud Kalari
Edição: Hayedeh Safiyari
Música: Sattar Oraki
Elenco principal: Payman Maadi, Leila Hatami, Sareh Bayat, Shahab Hosseini, Sarina Farhadi
Produção: Asghar Farhadi
Gênero: Drama
Duração: 123 minutos

Todo Poderoso

Sinopse

O filme segue Bruce Nolan, um repórter de televisão conhecido pelas boas matérias que produz, mas que não se sente realizado profissionalmente e quer ser o âncora do canal. Para isso, precisa se defrontar com um talentoso rival, que sempre dá um jeito de ficar com as melhores reportagens, sobrando para Bruce as de menor importância e dificultando a sonhada promoção.

A situação começa a revoltar Bruce e, num acesso de fúria, ele questiona Deus por tratá-lo daquela forma. Deus então resolve descer a Terra como um homem comum (Morgan Freeman) e entrega para Bruce o poder de comandar o planeta, da forma como desejar, durante um período. É quando ele perceberá o quão difícil é ser Deus e tomar conta de tudo o que ocorre no mundo.

Temas

Aceitação, amor ao próximo, competição, conformidade, crenças, espiritualidade, fé, resiliência, significado do trabalho, superação, valores.

Saiba Mais Sobre o Filme

Num viés de comédia, fantasia e metáforas, o filme aborda temas sérios do mundo corporativo.

O elenco de bons atores, incluindo Jim Carrey, Morgan Freeman e Jennifer Aniston, contribui bastante para passar as lições e a mensagem da história.

O filme ganhou o prêmio americano intitulado "People's Choice Award" em 2004.

Transposição

1 – Um dos temas mais fortemente presentes no filme é a questão do poder, mostrado em muitas sequências e de várias formas. Sugerimos começar o debate fazendo uma reflexão sobre os vários tipos de poder. Entre outros citamos alguns: poder legítimo ou formal, derivado da ocupação de um cargo ou função; poder de especialista baseado no conhecimento ou domínio de determinado assunto; poder pessoal ou de conexão, obtido através da interação e rede de relacionamentos; poder autoritário ou coercitivo derivado do medo, coação ou ameaças a pessoas ou grupos; poder de liderar e/ou influenciar, derivado da personalidade ou características de determinada pessoa.

2 – Quando Bruce é investido de tantos poderes, fica deslumbrado e passa a resolver coisas em benefício próprio ou seus probleminhas pessoais. A história enseja uma metáfora sobre os líderes e gestores que quando investidos em altos cargos ou funções podem ficar inebriados pelo poder, almejando ser "endeusados" e, muitas vezes, ultrapassando os limites de sua alçada de decisão, ou até ferindo princípios éticos e morais.

3 – Através das ações de Bruce, o filme evidencia uma prática, muitas vezes presente nas organizações e no comportamento de governantes, empresários, dirigentes, gerentes ou responsáveis pela condução de determinada área. De posse das condições necessárias para realizar ações que podem transformar o mundo, nem sempre fazem coisas visando mudá-lo para melhor. Ao contrário, fazem com que o mundo passe a girar ao seu redor.

4 – Deus delega a Bruce a possibilidade de ter os poderes divinos por uma semana. Transpondo para o mundo corporativo, a sequência enseja uma analogia para mostrar como muitas vezes é preciso assumir o poder ou ocupar o lugar de alguém para entender a dificuldade de administrar uma empresa, organização ou até um universo maior.

5 – A moral final também propicia um debate interessante: após ter tido um encontro com o Todo Poderoso, Bruce está mudado e passa a ver as coisas com "os olhos de Deus". E desfaz o que tinha feito de

errado, como atender a todos os pedidos. Devolve o cargo ao profissional que era mais competente do que ele e ajuda as pessoas sem usar os poderes.

6 – Outros temas para reflexão e debate:

- A não realização profissional e tudo que vem com ela, como a desmotivação, o não comprometimento e até o boicote.

- Os fatores nefastos da competição quando ela não é exercida dentro de fatores leais, éticos e morais.

- A mensagem para aqueles que não percebem o momento em que a oportunidade para realizarem seus sonhos chegou, porque estão esperando um resultado pronto.

- Os aspectos relacionados com a fé, espiritualidade, às crenças e os valores abordados no filme.

Ficha Técnica

Título original: Bruce Almighty
Título da tradução brasileira: Todo Poderoso
Direção: Tom Shadyac
Ano: 2003
País: Estados Unidos
Roteiro: Steve Koren, Mark O'Keefe e Steve Oedekerk
Fotografia: Dean Semier
Música: John Debney
Edição: Scott Hill
Elenco Principal: Morgan Freeman, Jim Carrey, Jennifer Aniston, Philip Baker Hall, Catherine Bell
Gênero: Comédia dramática
Produção: Spyglass Entertainment e Universal Pictures
Duração: 101 minutos

Trabalho Interno

Sinopse

Trabalho Interno, dirigido por Charles Ferguson, é muito mais que um documentário sobre a crise econômica. É o primeiro filme que expõe a verdade que se esconde por trás da explosão da "bolha" em 2008, resultando na depressão / recessão econômica mundial que levou milhões de pessoas mundo afora à perda do emprego, das economias, da casa e da esperança.

Ferguson entrevistou economistas experientes, executivos, políticos, professores universitários e intelectuais para colocar as coisas em termos que são esclarecedores, mas ao mesmo tempo assustadores.

Entre outros, o diretor ouviu personalidades como Lee Hsien Loong, primeiro-ministro de Singapura; Christine Lagarde, ex-ministra das Finanças da França; Nouriel Roubini, professor de economia da NYU; Martin Feldstein, professor de economia de Harvard e ex-assessor de Ronald Reagan e George Bush; Jonathan Alpert, psicanalista que atendia os executivos; e Charles Morris, autor do livro T*he Trillion Dollar Meltdown: Easy Money, High Rollers and the Great Credit Crash*.

Através desses depoimentos e entrevistas com importantes intervenientes financeiros, o filme revela as relações deletérias no interior dos maiores bancos do mundo, das financeiras gigantescas, das seguradoras que bancavam o jogo e até das grandes universidades americanas. O documentário de Ferguson deixa claro que essas relações corromperam a política e as entidades de governo responsáveis pela regulamentação e fiscalização das atividades da economia.

Narrado pelo ator Matt Damon e, dentro de uma perspectiva histórica que retorna à Grande Depressão de 29, Trabalho Interno é um documentário compacto, conciso e chocante, na medida em que enfatiza e comprova como o desordenado crescimento financeiro e a não regulação seguiam seu rumo, enquanto os que podiam fazer algo para impedir o desastre, não o fizeram.

Temas

Crise, decisão, desemprego, ética, ganância, impunidade, irresponsabilidade, poder, pressão, valores.

Saiba Mais Sobre o Filme

Um dos pontos altos do filme é justamente colocar personagens chave para explicar um assunto complicado, de uma forma que possa ser compreendido e analisado por qualquer pessoa, principalmente por aqueles fora do jargão econômico.

O filme teve locações nos Estados Unidos, na Islândia, Inglaterra, França, em Singapura e na China e é muito mais focado em fatos e números do que em exageros e histerias.

Uma das maiores dificuldades, conforme relatado pelos realizadores, foi o trabalho de edição em face da enorme quantidade de material em filmes, arquivos e horas de entrevistas e depoimentos, fazendo com que alguns dados importantes precisassem ficar de fora.

Trabalho Interno ganhou o Oscar 2011 na categoria de documentários.

Transposição

A depender da formação do grupo que está participando do programa e seus respectivos objetivos, a abordagem do tema pode ser bastante diversificada.

No entanto, tendo em mente o que o filme retrata e considerando que atualmente, mais do que nunca, o que ocorre em determinado lugar pode afetar diversas áreas em várias partes do mundo, incluindo países, órgãos governamentais, empresas, pessoas e a sociedade de modo geral, sugerimos algumas sequências e tópicos para debate:

1 – O início do filme mostrando como tudo começou, isto é, como um país economicamente estável como a Islândia se tornou um país quebrado com grandes índices de desemprego após uma avalanche de medidas financeiras desregradas; e a divisão do documentário em cinco partes: como chegamos aqui, a origem da bolha, a crise, responsabilização e onde estamos agora.

2 – A advertência lembrando que a crise financeira não foi um mero acidente, mas sim causada por uma indústria fora de controle, o que gerou uma bolha no mercado americano, que se alastrou por boa parte dos países desenvolvidos. O processo iniciou nas chamadas desregulamentações financeiras, permitindo que empresas de poupança e empréstimos realizassem investimentos de alto risco com o dinheiro dos depositantes.

3 – Como essas desregulamentações e avanços tecnológicos levaram a uma explosão de derivativos complexos denominados Obrigações de Dívidas Garantidas (CDO), que foram colocados por banqueiros e economistas como instrumentos que auxiliariam a aumentar a segurança no mercado, mas na realidade o tornou mais instável.

4 – A declaração do diretor do filme: "Além de ter sido a pior crise financeira desde a Depressão de 29, ela continua a nos ameaçar devido aos problemas das dívidas europeias e à instabilidade financeira global. E o pior é que ela poderia ter sido evitada, mas a desregulamentação progressiva permitiu uma indústria financeira cada vez mais criminosa e cujas inovações equivocadas produziram uma sucessão de fatos que culminou no que aconteceu".

5 – O perigo de determinadas decisões econômicas tomadas por quem detém grandes poderes e que podem, muitas vezes, trazer inúmeros malefícios para um número incalculável de pessoas.

6 – Um debate sobre as consequências e sobre os reflexos da crise ocorridos nas empresas e na vida pessoal e profissional dos participantes do programa.

Ficha Técnica

Título original: Inside Job
Título da tradução brasileira: Trabalho Interno
Ano: 2010

País: Estados Unidos
Direção: Charles Ferguson
Roteiro: Charles Ferguson, Chad Beck e Adam Bolt
Fotografia: Svetlana Cvetko e Kalyanee Mam
Edição: Chad Beck e Adam Bolt
Música: Alex Heffes
Produção: Representational Pictures e Sony Pictures Classics
Gênero: Documentário
Duração: 105 minutos

Tudo pelo Poder

Sinopse

O filme segue Stephen (Ryan Gosling), jovem publicitário que coordena a campanha de um governador à presidência dos Estados Unidos (George Clooney).

Inteligente e carismático, ele é constantemente assediado pelo líder da campanha adversária, o inescrupuloso Tom, para mudar de lado.

Tudo gira em torno de uma estrutura de ganância, ambições, intrigas e oportunismo. Constantemente novas alianças são formadas, muitas vezes deixando a ética de lado.

Além de focar o trabalho do personagem, com a preparação de discursos, negociação para alianças, investidas da mídia e outros,o filme é extremamente realista ao tratar de assuntos que costumam acontecer durante campanhas aos cargos públicos.

Temas

Alianças, conflito, corrupção, decisão, egos, escolhas, ética, falsidade ideológica, lealdade, mídia, negociação, status social, tráfico de influência, valores.

Saiba Mais Sobre o Filme

O filme é baseado na peça Farragut North, de Beau Wilimon.

É um filme focado na política, mas levanta importantes questões que norteiam o mundo atual.

A qualidade da obra – não só do ponto de vista político, mas também cinematográfico e humano – deve-se à segura direção de George Clooney e à trilha sonora, ao mesmo tempo calma e inquietante, de Alexandre Desplat.

A edição de Stephen Mirrione é perfeita, na qual nenhuma cena parece desnecessária na trama.

O título original se refere aos Idos de março, 15º dia no calendário romano e é inspirado no célebre alerta na peça Júlio Cesar de Shakespeare, que evoca a profecia da morte do Imperador numa emboscada nessa data em 44 a.C. No filme, remete aos frenéticos últimos dias que antecederam às disputadas eleições primárias em Ohio.

Transposição

Sugerimos que o debate seja livre de forma a captar as percepções dos participantes sobre os temas atuais que o filme aborda principalmente os relacionados com:

1 – A conduta esperada de indivíduos responsáveis por conduzirem o destino de milhares de pessoas e a responsabilidade individual e coletiva nas decisões empresariais.

2 – A intricada estrutura de poder quando, muitas vezes, pessoas bem intencionadas podem acabar sucumbindo diante dos conflitos éticos inerentes ao jogo de interesses.

3 – O fato de muitas vezes serem justamente aqueles que deveriam zelar pelo estado de harmonia social os que desrespeitam o significado da justiça, da ética e da moral.

4 – A reviravolta no comportamento moral dos personagens, o que enseja um debate sobre a crença de que o lado maléfico do poder pode corromper as pessoas.

5 – Os mecanismos do funcionamento de um organismo político quando sua atuação se move por práticas manipuladoras, objetivando

eleger os que têm mais contatos, mais amigos, mais influência e até favores pendentes.

6 – Colocar em debate outras formas de ascensão a altos cargos no contexto corporativo e governamental, incluindo relatos dos participantes.

Ficha Técnica

Título original: The Ides of March
Título da tradução brasileira: Tudo pelo Poder
Direção: George Clooney
Ano: 2011
País: Estados Unidos
Roteiro: George Clooney e Grant Heslow
Fotografia: Phedon Papamichael
Música: Alexandre Desplat
Edição: Stephen Mirrione
Elenco Principal: Ryan Gosling, George Clooney, Philip Seymour Hoffman, Paul Giamatti, Ewan Rachel Wood, Marisa Tomei
Gênero: Drama
Produção: Cross Creek Pictures
Duração: 101 minutos

Up – Altas Venturas

Sinopse

A história narra a relação de uma dupla inusitada: Russell, um alegre e esforçado escoteiro de 8 anos, e Carl Fredricksen, um amargurado vendedor de balões aposentado e viúvo, já com 78 anos.

A velhice de Carl – inegavelmente uma das atrações do filme – contrasta com a jovialidade de Russell, que torna a trama alegre com sua espontaneidade.

A comovente sequência inicial retrata a bela história de amor entre Carl e Ellie, da infância à velhice, expondo a rotina do casal e sua adequação às realidades da vida, na medida em que as dificuldades vão surgindo.

Essa primeira parte é narrada praticamente sem diálogos, em termos puramente visuais. A partir daí, o roteiro entra na fantasia, mostrando os sonhos do jovem Carl com uma vida de aventuras, sonho que ele decide realizar, em memória de Ellie, quando ela morre.

Pressionado a vender seu imóvel e intimado a ir morar num asilo, resolve partir com a casa onde viveu, sem saber que estava levando Russell a bordo.

O menino segue Carl porque precisa realizar uma ação de ajuda a idosos e, assim, obter o grau de "explorador da vida selvagem sênior", uma das tarefas de sua atividade de escoteiro.

Os dois embarcam numa aventura, voando juntos para o Sul na casa içada por milhares de balões multicoloridos. No trajeto, encontram vilões, criaturas selvagens e Charles Muntz, o herói da infância de Carl.

Os realizadores conseguiram construir digitalmente personagens repletos de doçura e momentos memoráveis que fazem parte do cotidiano dos seres humanos.

Temas

Aprendizagem, criatividade, fantasia, gerações, inovação, perdas, recomeço, reencontro, resiliência, solidão, sonho, superação.

Saiba Mais Sobre o Filme

Up foi o primeiro título de animação escolhido para abrir o prestigiado Festival de Cannes. O filme também ganhou o Oscar de melhor animação e melhor trilha sonora original composta por Michael Giacchino.

Carl foi dublado, na versão brasileira, pelo humorista Chico Anísio, falecido em 2012.

Há várias homenagens aos animadores da Disney, que foram os precursores do gênero e protagonizaram a Era de Ouro das animações.

A equipe de realização dos efeitos visuais, um dos pontos altos do filme, foi composta por 209 profissionais que se responsabilizaram pelos aspectos artísticos, pelas luzes, pela tecnologia 3D e por outros caracteres ligados à área de tecnologia. A pesquisa incluiu viagens para várias partes do mundo, entre elas Roraima, no Brasil, com o objetivo de verificar as deformações em rochas, e também as variações no tempo meteorológico.

Uma ideia bastante criativa foi a escolha dos realizadores para retratar os dois personagens principais. Carl foi concebido em formato de caixa, algo que é quadrado, sempre estável, não se move, no sentido de mostrar como ele estava travado em sua vida. Já Russel tem a aparência oval, passando a mensagem de que, se for colocado no chão, estará pronto para rolar.

Transposição

Considerando a beleza do filme, sugerimos que ele seja exibido na íntegra – é uma história para divertir, emocionar e fazer pensar –, seguido de debate em torno de algumas questões:

1 – A inovação e a criatividade na criação do projeto.

2 – Os aspectos humanistas da história, que lembram a importância do afeto e da espiritualidade no ambiente organizacional.

3 – A relação entre Carl e Russel remete à existência de várias gerações no ambiente corporativo, incluindo a chamada Geração Y. A expectativa de vida aumentou, bem como o período da vida ativa, tornando crescente a presença no mercado de trabalho de pessoas com idade mais avançada e fazendo com que existam até quatro gerações diferentes atuando numa mesma empresa. Como afirma Tamara Ericson, especialista no tema, terão mais sucesso as organizações que entenderem a diversidade geracional e se planejarem para aproveitar os pontos fortes de cada grupo etário em prol dos melhores resultados.

4 – O filme tem muitos momentos em que predominam o silêncio e os gestos, além dos olhares que falam por si, ensejando um debate em torno da comunicação, principalmente a não verbal.

5 – O mundo cada vez mais competitivo dos filmes de animação que inclui hoje diversas empresas como Dreamworks, Pixar (comprada pela Disney) e outras, além de revolucionar o gênero, tem trazido uma variedade de opções para os espectadores e também para os que utilizam os filmes com objetivos didáticos.

6 – A busca dos sonhos nas realizações pessoais e profissionais.

Destaques

No início do filme, a sequência em torno de cinco minutos e praticamente sem diálogos, narra toda uma vida de contradições entre a felicidade, a dor, o amor e as desilusões. As cenas, filmadas com brilhante economia narrativa, conseguem a imediata empatia dos espectadores com o personagem.

Cena em torno de 22 minutos, em que Carl e Russell partem no balão, tem recursos visuais deslumbrantes.

Cena aos 29 minutos, em que Carl não consegue localizar onde estão e Russell diz: "vou ver onde estamos no meu GPS".

Cena em torno de 1:12, em que Carl toma coragem para folhear o álbum de Ellie, onde ela coloca seu sonho de infância de viajar para Paradise Falls, transformando-se na motivação para a viagem dele.

Ficha Técnica

Título original: Up
Título da tradução brasileira: Up – Altas Aventuras
Ano: 2009
País: Estados Unidos
Direção e roteiro: Pete Docter e Bob Peterson
Edição: Kevin Nolting
Música: Michael Giacchino
Elenco Principal (vozes): Edward Asner (Carl), Jordan Nagai (Russel), Elie Docter (Ellie jovem) Christopher Plummer (Charles Muntz)
Produção: Disney / Pixar
Gênero: Animação, Aventura
Duração: 96 minutos

O Voo da Fênix

Sinopse

Frank Towns, piloto de um avião de carga e seu copiloto AJ são enviados a Tan Sag Basin, na Mongólia, para evacuarem a equipe de uma exploração petrolífera que vai fechar. Essa simples operação de rotina acaba resultando numa luta de vida ou morte.

Pouco tempo depois de decolarem, quando estão sobrevoando o deserto de Gobi, o avião enfrenta uma tempestade de areia que danifica a antena e destrói o motor do lado esquerdo, forçando-o a aterrissar no meio do deserto, enfrentando um meio ambiente selvagem e escassos recursos.

Com as esperanças de busca diminuindo, Elliott, um dos sobreviventes, propõe a construção de um novo avião com os pedaços que restaram do equipamento acidentado, inclusive o motor direito.

Inicialmente o comandante hesita, mas com a ameaça de morrerem por faltar suprimento, ele acaba concordando.

Numa situação cada vez mais desesperadora e liderados por Elliott, os sobreviventes realizam o que parecia impossível e constroem a aeronave que lhes permitirá escapar do inferno do deserto.

Temas

Conflito, decisão, diferenças individuais, equipe, liderança, persistência, poder, resiliência, superação, valores.

Saiba Mais Sobre o Filme

A versão original do filme, com James Stewart e dirigida por Robert Aldrich (1965), é melhor do que esta, mas infelizmente é difícil de ser encontrada. Mas se você conseguir encontrá-la, vale fazer a opção por ela.

Um dos produtores desta nova versão é William Aldrich, filho do diretor da versão anterior.

Hugh Laurie, que vive Ian, um dos sobreviventes, é o ator que depois interpretou Gregory House na famosa série de tevê que esteve no ar de 2004 a 2012.

Transposição

Uma primeira sugestão seria deixar o debate em aberto e direcioná-lo segundo e de acordo com o rumo dado pelos participantes, já que o filme permite várias leituras. Entre outras, destacamos as seguintes:

1 – Como as situações limite e de tensão podem alterar o comportamento das pessoas, as relações de liderança, a estrutura de comando e possibilitar a superação de obstáculos quando a causa torna-se um objetivo comum.

2 – A mudança gradual da relação entre os personagens principalmente na sequência em que Elliott assume o comando da situação.

3 – A liderança formal de Frank Towns e a liderança situacional de Elliot, que cresce quando ele se torna uma esperança para o grupo. Sugerimos um debate sobre os diversos tipos de liderança, as características de cada estilo e como alguns deles se formam.

4 – O conceito de resiliência com exemplos de pessoas que, apesar das pressões e adversidades, continuam a dar resultados positivos e não paralisam suas vidas, utilizando, principalmente, o enfoque de dois dos seus princípios básicos: ter consciência de que os problemas não se definem por si só, mas sim de acordo com a atitude que se tem em relação a eles; e compreender que as dificuldades da vida nos fazem sair da zona de conforto, possibilitando desenvolvimento profissional e pessoal.

5 – A importância de manter a calma e agir com tranquilidade em qualquer situação, lembrando que nas organizações também ocorrem momentos de turbulência, e até ameaças de pane.

Destaques

A sequência em torno de 1:07, quando Elliott assume o comando da situação.

Ficha Técnica

Título original: Flight of the Phoenix
Título da tradução brasileira: O Voo da Fênix
Ano: 2004
País: Estados Unidos
Direção: John Moore
Roteiro: Lucas Heller e Scott Frank
Fotografia: Brendan Galvin
Edição: Don Zimmerman
Música: Marco Beltrami
Elenco Principal: Dennis Quaid, Tyrese Gibson, Giovanni Ribisi, Tony Curran, Hugh Laurie, Jacob Vargas
Produção: Twentieth Century Fox
Gênero: Ação / Drama
Duração: 113 minutos

A Voz do Coração

Sinopse

Ambientado na década de 1940, o filme segue Clément Mathieu, um músico frustrado que vai trabalhar em um internato para meninos órfãos e socialmente desajustados, dirigido com mãos de ferro pelo autoritário Rachin.

Com seus talentos abafados e sufocados pelo diretor que não lhes dá liberdade de fazer nada do que gostam, acabam se rebelando e cometendo atos que não fazem parte de sua normalidade.

Mas, mesmo cercado por essas crianças consideradas problemáticas, Mathieu tenta romper barreiras através da música e dar um rumo diferente à trajetória daqueles jovens.

Com sua formação musical, desenvolve um jeito criativo e eficiente de cativar os garotos: forma um coral e revoluciona os métodos de ensino locais da época. Paralelamente, recupera sua veia musical, volta a compor e consegue transformar para sempre a sua vida e a dos meninos.

A história, dirigida por Christophe Barratier, é revivida para as telas através da história do maestro Pierre Morhange, que graças a Mathieu teve seus dotes musicais revelados na época.

Temas

Adversidade, aprendizagem, autoritarismo, educação, inclusão social, modelos mentais, mudança, paradigmas, potencial, talento.

Saiba Mais Sobre o Filme

O nome do internato, Fundo do Poço, dá uma perfeita dimensão de sua realidade.

O filme concorreu ao Oscar de melhor produção estrangeira.

O maestro Morhange, que relembra a própria infância quando retorna à sua cidade natal e encontra o diário do seu antigo professor, é claramente inspirado no personagem do famoso Cinema Paradiso, do diretor italiano Giuseppe Tornatore.

Transposição

Embora se passe num estabelecimento escolar, a história tem muitos pontos em comum com o ambiente organizacional, principalmente considerando a responsabilidade, cada vez maior, dos gestores com o desenvolvimento e a questão educacional. Nesse sentido, o filme:

1 – Possibilita uma reflexão sobre o desafio da educação, principalmente em contextos sociais adversos.

2 – Enseja um profícuo debate sobre os programas de desenvolvimento e a adequação deles à cada realidade específica.

3 – Evidencia a necessidade de privilegiar o estilo humanista sem perder de vista o propósito educativo.

4 – Destaca a importância de projetos ligados à inclusão social que podem ajudar pessoas marginalizadas a mudar o rumo de suas vidas.

Ficha Técnica

Título original: Les Choristes
Título da tradução brasileira: A Voz do Coração
Ano: 2004
País: França / Alemanha
Direção: Christophe Barratier
Roteiro: Christophe Barratier e Philippe Lopes-Curval
Fotografia: Jean-Jacques Bouhon, Dominique Gentil e Carlo Varini
Edição: Yves Deschamps

Música: Bruno Coulais
Elenco Principal: Gérard Jugnot, François Berléand, Kad Merad,
  Jean-Paul Bonnaire, Marie Bunel, Jean-Baptiste Maunier
Produção: Vega Film e Canal +
Gênero: Drama
Duração: 95 minutos

Capítulo 3

Filmes para um Programa Cultural e de Integração

A utilização dos filmes indicados neste capítulo pode ser uma opção válida em programas já constantes de algumas empresas que organizam sessões de cinema para reunir os funcionários em momentos de lazer, entretenimento e aperfeiçoamento cultural; o que não exclui a possibilidade de um debate após a exibição e o consequente retorno em termos de crescimento, integração, além de uma ótima oportunidade de partilhar conhecimentos e sabedoria.

Os dez filmes aqui sugeridos tratam de temas universais, entre eles: a relatividade dos fenômenos da vida, o relacionamento entre as pessoas, os aspectos humanistas da arte, as estratégias na superação das perdas, os ritos de passagem, os cuidados para preservação da imagem, a importância de considerar e reunir os saberes de todas as épocas, as muitas verdades de uma mesma história, o impacto das novas tecnologias, a complexidade e diversidade cultural do mundo contemporâneo, e o sentido da vida.

Os títulos são recentes, tiveram ótima receptividade de crítica, público e muito sucesso em diversos festivais mundiais, nos quais foram lançados.

- **Além da Vida, de Clint Eastwood**

- **A Árvore da Vida, de Terrence Malick**

- **O Artista, de Michel Hazanavicius**

- **Cosmópolis, de David Cronenberg**

- O Deus da Carnificina, de Roman Polanski
- A Fita Branca, de Michael Haneke
- Ginger & Rosa, de Sally Potter
- Pina, de Wim Wenders
- Reencontrando a Felicidade, de John Cameron Mitchell
- O Voo, de Robert Zemeckis

Além da Vida

O já lendário Clint Eastwood está quase sempre surpreendendo. Associado, principalmente como ator, a personagens durões, volta e meia retorna com temas sensíveis. É o caso de Bird, em 1988, Gran Torino, em 2008, e agora com Além da Vida (Hereafter), que, como sugere o título, fala do que nos aguarda após a morte.

O filme conta a história de três pessoas que são afetadas pela morte de maneiras diferentes: George (Matt Damon), um operário norte-americano psicótico que tem uma conexão especial com o além; a jornalista francesa Marie (Cécile de France) que, em outro ponto do planeta, acaba de passar por uma experiência de proximidade com a morte, mudando sua visão diante da vida; e Marcus (Frankie/George McLaren), um estudante londrino que, ao perder um ente querido, começa uma busca por respostas.

Enquanto cada um segue seu caminho em busca da verdade, suas vidas se encontrarão e serão transformadas para sempre, na medida em que eles acreditam que possa existir vida após a morte.

Com roteiro de Peter Morgan, o filme tem locações na França, Inglaterra, em São Francisco e no Havaí e reúne colaboradores de longa data do diretor, como o fotógrafo Tom Stern, o desenhista de produção James J. Murakami, os editores Joel Cox e Gary D. Roach e a figurinista Deborah Hopper.

O filme é feito com a reconhecida habilidade de Eastwood, bem como com a energia e a curiosidade de uma mente sempre jovem tentando entender o sentido da vida.

Para ele, como explica ao definir o filme, a trama tem a ver com vivências, destino e convergência.

"São três diferentes histórias com pessoas que passaram por algum período de tensão e sobre como elas, de certa forma, conseguiram se reunir. Muito de acordo com uma série de filmes franceses do passado, onde as histórias convergem e o destino leva cada pessoa na direção da outra", lembra.

Produzido pelo próprio diretor, em parceria com a produtora Kathleen Kennedy, várias vezes indicada ao Oscar, o filme tem ainda a produção executiva de Steven Spielberg e Frank Marshall.

Ao lado de uma reflexão sobre os mistérios da vida e da morte, o novo trabalho do cineasta é mais uma confirmação de que Eastwood é um dos melhores nomes no cinema americano de hoje.

Isso tem sido reconhecido nas inúmeras homenagens que o cineasta tem recebido, como a do Festival de Cannes que lhe concedeu o troféu Golden Coach da Sociedade dos Diretores de Filmes Franceses, em reconhecimento à originalidade do seu trabalho.

Conhecido pela postura irreverente, o diretor é avesso a qualquer tipo de censura que possa vir a ter no seu trabalho.

"Boas histórias são feitas de confronto e a liberdade de expressão deve ser a regra nos países democráticos", afirma o octogenário diretor, que nos últimos nove anos realizou nove produções.

Temas

Convergência, destino, reações diferenciadas para um mesmo fato, sentido da vida, transcendência, terceira idade.

Ficha Técnica

Título original: Hereafter
Título da tradução brasileira: Além da Vida
Ano: 2010
País: Estados Unidos
Direção: Clint Eastwood

Roteiro: Peter Morgan
Fotografia: Tom Stern
Edição: Joel Cox e Gary D. Roach
Música: Clint Eastwood
Elenco principal: Matt Damon, Cécile de France, Frankie McLaren, George McLaren, Thierry Neuvic, Cyndi Mayo Davis
Produção: Warner Bros e Malpasso Productions
Gênero: Drama / Fantasia
Duração: 129 minutos

A Árvore da Vida

Tudo o que se disser sobre o diretor texano Terrence Malick é sempre algo dito por alguém. Ele mesmo não dá entrevistas desde os anos 70 e não gosta nem que sua foto seja tirada. Também não comparece às sessões dos seus filmes, mesmo que seja em vitrines privilegiadas como Berlim, Cannes ou o Festival de Nova York.

Apesar disso, talvez pela fama de esfinge, pela escassez de sua produção – em 38 anos realizou apenas cinco longas-metragens – ou até pela fidelidade de seus admiradores, seus próximos trabalhos são sempre aguardados com grande expectativa e costumam ter casa cheia.

A Árvore da Vida, ganhador da Palma de Ouro no Festival de Cannes, é a história de uma família americana que vive numa pequena cidade do Texas dos Anos 50 e que se une com uma visão de mundo no qual o ser humano é a peça mínima de um esquema de dimensão colossal, tanto temporal quanto espacialmente. Através da história da família, Malick repensa a origem do mundo e sua complexidade.

A trama é linear: uma família pequeno-burguesa, um pai autoritário (Brad Pitt), uma mãe doce (Jéssica Chaseain), três irmãos que se gostam, um dos quais, Jack (Sean Penn), não aceita a autoridade violenta do pai e se rebela. Será ele que veremos depois maduro e sozinho, conduzindo sua vida através de uma série de lembranças que ainda aparecem na tela como atuais.

Antes de desaparecer do mapa do cinema no final dos anos 70, após os dois bem recebidos Terra de Ninguém (73) e Cinzas no Paraíso (78), Malick esteve desenvolvendo um filme chamado *Q* – para o qual, segundo dizem, enviou fotógrafos para os quatro cantos do mundo para capturar uma série de fenômenos naturais. Emmanuel Lubezki, o fotógrafo de A Árvore da Vida, afirma que algumas imagens desse filme datam do início desse período de exploração.

Fica também claramente visível que este projeto, considerando inclusive a extrema determinação do autor com sua privacidade, é um filme profundamente pessoal. Muitas sequências correspondem a parcelas de sua biografia que afloraram ao longo dos anos: a infância no Texas, um pai austero, a morte de um irmão, além de sua inquietação com os fenômenos existenciais.

Mas, em última análise, e aspectos biográficos à parte, Malick, ajudado pela câmera de Lubezki, realizou em A Árvore da Vida um belo filme, numa história profundamente universal e num cenário em que os momentos sombrios são iluminados pela excelente fotografia, inspirada nas pinturas do pintor holandês Johannes Vermeer.

Temas

Autoritarismo, inquietudes, memória, origem do mundo, sentido da vida, universalidade.

Ficha Técnica

Título original: The Tree of Life
Título da tradução brasileira: A Árvore da Vida
Ano: 2011
País: Estados Unidos
Direção e Roteiro: Terrence Malick
Fotografia: Emmanuel Lubezki
Edição: Hank Corwin, Jay Rabinowitz, Daniel Rezende,
  Billy Weber, Mark Yoshikawa
Música: Alexandre Desplat
Elenco principal: Brad Pitt, Jéssica Chaseain, Sean Penn
Produção: Cottonwood Pictures e River Road Entertainment
Gênero: Drama
Duração: 139 minutos

O Artista

O Artista, curioso filme de Michel Hazanavicius, tem sido um sucesso de crítica e público por onde passa. Em Cannes, onde concorreu à Palma, conquistou o prêmio de melhor ator para Jean Dujardin, foi ovacionado no Festival de Nova York e, derrotando candidatos de peso, ganhou o Oscar de melhor filme de 2012.

Ambientado nos anos 20, na transição do cinema mudo para o falado, O Artista conta a história de George (Dujardin), um astro que perde popularidade quando o som chega ao cinema, dando espaço para a jovem Peppy Miller. A atriz, no entanto, ama-o em segredo e vai tentar ajudá-lo, mas ele resiste a aceitar o apoio da jovem. O filme é todo sem palavras, o ator só diz uma frase, na última cena.

Rodado em preto e branco e seguindo rigorosamente o padrão estético dos filmes da pré-história da arte cinematográfica, da abertura aos créditos finais, o filme é uma homenagem aos Anos Dourados do Cinema.

A opção pelo melodrama foi uma decisão acertada do diretor. Os mais bem-sucedidos filmes de Charles Chaplin, por exemplo, são melodramas, apesar do tom cômico e silencioso.

Cheio de referências cinematográficas, o filme termina com um número de dança que os protagonistas repetiram dezessete vezes para mostrar passos que lembram os de Gene Kelly, em Cantando na Chuva.

A corajosa opção dos realizadores, de fazer um cinema mudo em preto e branco e sem efeitos especiais em plena era digital e do 3D, poderia afastar espectadores ou limitar suas possibilidades de mercado.

Ao contrário, resultou num belo trabalho valorizado pelo carisma e pela interpretação de Dujardin e Bérenice Béjo, que vive Miller.

Dujardin é o astro da série de espionagem 117, que não tem grande público no Brasil, mas faz muito sucesso na França.

Hazanavicius há muito queria realizar um filme mudo, que ele considera um tipo de cinema emocional e sensorial. Para ele, os filmes silenciosos, além de serem essencialmente visuais e terem formado os maiores diretores do século 20, são puro cinema.

O diretor diz que sempre achou maravilhosa a experiência de assistir a um filme mudo numa sala de cinema em tela grande e esse foi o principal motivo que o levou a fazer O Artista.

"É muito sensual, portanto tentei recriar isso. Assisti a muitos filmes e anteriormente tinha feito dois que eram muito irônicos. Daí eu pensei: se eu já sei fazer isso, vou tentar outra coisa agora e contar uma história romântica e atemporal", diz, lembrando que tanto ele, como alguns realizadores, estão acostumados com comédias ou filmes de ação, o que muitas vezes os leva a não tentarem outros caminhos.

"Além disso, temos medo de sermos considerados ultrapassados porque o melodrama é um gênero tradicional. Mas esse filme me deu argumentação artística para me proteger de parecer retrógrado", afirma.

Para ele, não parece estranho que um filme silencioso e rodado em preto e branco consiga causar tanto alvoroço, a ponto de em Cannes, depois de ter sido escalado para ser apresentado fora de concurso, ser promovido à competição uma semana antes. No entanto, parece concordar que é um risco fazer um filme assim nos dias de hoje.

"Sabíamos que era arriscado, mas acreditamos na nossa ideia, no propósito de oferecer algo diferente ao público moderno, e demos o melhor de nós em função desse objetivo", ressalta.

Temas

Assunção de riscos, autoconfiança, coragem, conciliação dos saberes, impacto da tecnologia, inovação, memória, talento.

Ficha Técnica

Título original: The Artist
Título da tradução brasileira: O Artista
Ano: 2011
País: França
Direção e Roteiro: Michel Hazanavicius
Fotografia: Guillaume Schiffman
Edição: Anne-Sophie Bion e Michel Hazanavicius
Música: Ludovic Bource
Elenco principal: Jean Dujardin, Bérenice Béjo
Produção: Studio 37 e La Petite Reine
Gênero: Comédia / Drama / Romance
Duração: 100 minutos

Cosmópolis

O filme é dirigido pelo diretor canadense David Cronenberg e estrelado por Robert Pattinson da saga Crepúsculo, dois nomes de peso, que de imediato chamam a atenção dos espectadores.

Centrado na ganância dos banqueiros atuais, o filme é uma adaptação fiel do livro de Don DeLillo, uma fantasia esquizofrênica sobre a dita selvageria do capitalismo, com Pattinson no papel de um bilionário.

O ator britânico passa grande parte do filme dentro de uma limusine branca blindada, onde faz suas refeições, recebe consultores e planeja suas investidas para aumentar sua fortuna e seu poder. Ele quase não sai do veículo, o mundo é que entra nele representado por um número grande de personagens.

A trama segue o ricaço por uma Manhattan tomada pelo caos e cheia de pessoas revoltadas com o sistema financeiro, um cenário apocalíptico e com tons de rebelião.

Conhecido pela diversidade dos aspectos que aborda em seus filmes envolvendo assuntos de sexo, morte, terror e até psicanálise (caso do ótimo Um Método Perigoso, sobre Freud, Carl Jung e Sabina Spielrein), Cronenberg diz que há muitos temas que povoam sua mente e ele fica pensando em filmá-los um dia.

"Eu queria fazer e fiz um filme sobre psicanálise, aliás, o primeiro filme que realizei foi sobre um psiquiatra *(stereo,* 1969). Agora visualizei no tema deste meu novo trabalho uma peculiaridade muito atraente", explica o diretor do aclamado Gêmeos, Mórbida Semelhança.

Cronenberg tem afirmado que a escolha de Pattinson para o papel de Eric Packer não tem qualquer conexão com o sucesso de Crepúsculo.

"Achei que ele era perfeito para interpretar o personagem e tenho certeza de que fizemos algo novo e original; não posso ficar pensando em Crepúsculo, eu estava fazendo Cosmópolis", assegura o diretor, criticando a comparação que tem sido feita do ator como um vampiro de Wall Street.

"É muito fácil e quase óbvio dizer isso, mas acho que é uma afirmação simplista e extremamente superficial", ressalta, esclarecendo que a coincidência das filmagens com a ocupação de Wall Street também não foi proposital, o que seria até difícil de acontecer.

"Quando já estávamos filmando, houve o movimento Occupy Wall Street. Foi bizarro, porque tudo o que havia no filme estava acontecendo de verdade, foi como rodar um documentário", afirma.

Cronenberg diz que sua visão de fazer cinema tem mudado com o tempo e que hoje não filma mais tanto material, o que torna a montagem mais rápida.

"Mas o princípio básico continua sendo o de dar a cada filme o que ele quer, porque cada um pede uma coisa diferente", ensina.

Temas

Diversidade, fama, inovação, males do capitalismo, mudança, poder, potencial, talento.

Ficha Técnica

Título original: Cosmópolis
Título da tradução brasileira: Cosmópolis
Ano: 2012
País: Estados Unidos
Direção: David Cronenberg

Roteiro: Don DeLillo e David Cronenberg
Fotografia: Peter Suschitzky
Edição: Ronald Sanders
Música: Howard Shore
Elenco principal: Robert Pattinson, Sarah Gadon, Paul Giamatti, Kevin Durand, Juliette Binoche
Produção: Alfama Films e Prospero Pictures
Gênero: Drama
Duração: 109 minutos

O Deus da Carnificina

Após ser bem recebido em Veneza – onde concorreu ao Leão de Ouro – O Deus da Carnificina, de Roman Polanski, foi o filme de abertura da 49ª edição do Festival de Nova York. A primeira edição do mesmo evento em 1963 também havia iniciado com um filme do diretor, o clássico polonês A Faca na Água, até hoje considerado por muitos críticos e cinéfilos a obra-prima do cineasta.

O Deus da Carnificina é baseado na premiada peça God of Carnage, de Yasmina Reza, ganhador do Prêmio Tony de melhor trabalho teatral de 2009, e segue os acontecimentos ocorridos numa noite quando dois casais de Brooklyn se encontram após seus filhos se envolverem numa briga.

A peça teve uma versão teatral brasileira dirigida por Emilio de Mello, com Julia Lemmertz, Paulo Betti e Deborah Evelyn no elenco.

O filme é protagonizado por Kate Winslet (Nancy) e Christoph Waltz (Alan), como um dos casais, e Jodie Foster (Penelope) e John C. Reilly (Michael), interpretando o outro. O excelente desempenho do quarteto é um dos pontos altos da trama, que preserva a estrutura e o tom pessimista das relações humanas no mundo atual.

A cena inicial, que mostra um dos garotos atacando o outro com um galho de árvore, é a única rodada ao ar livre. O menino agredido, que perde dois dentes, é filho de Penelope e Michael e o agressor é o filho de Nancy e Alan.

As sequências seguintes se desenvolvem no apartamento dos pais de um dos jovens, usando vários cômodos, enquanto eles discutem as causas da violência juvenil e deixam aflorar seus preconceitos e suas contradições. O que tem tudo para ser uma negociação em tom civilizado vai decaindo a um nível extremo de relacionamento, mostrando como os seres humanos podem rapidamente passar do bom senso à baixaria. Na medida em que o início marcado pela cordialidade cede espaço à guerra declarada, as barreiras sociais começam a ser derrubadas, revelando a personalidade agressiva dos envolvidos.

Embora seja ambientado no bairro americano, o filme foi rodado em Paris, já que Polanski está impedido de circular livremente pela maior parte da Europa e também de retornar aos Estados Unidos, desde que saiu, após ser condenado por um delito sexual com uma adolescente em Los Angeles em 1977.

O diretor permaneceu fiel ao tempo real onde a ação se desenvolve: em torno de 90 minutos, sem intervalos e numa única locação.

Polanski diz que o que mais o atraiu foi justamente poder desenvolver a trama em tempo real e o espírito da peça lhe pareceu mais americano do que francês. Por isso escolheu Brooklyn por ser o local mais provável onde esse tipo de família moderna e liberal poderia viver.

"É um desafio fazer um filme em tempo real. Desde garoto, eu gostava de filmes que se desenvolviam numa única locação, muito mais do que filmes de ação. Anteriormente, eu já havia feito filmes em espaços fechados, mas não tão rigorosamente contidos como neste. Foi uma experiência nova", revela o talentoso cineasta de filmes como O Pianista (que lhe deu o Oscar) e Chinatown (Globo de Ouro).

O Deus da Carnificina traz uma catarse matrimonial em dose dupla, que lembra a peça de Edward Albee, Quem tem medo de Virginia Woolf?, imortalizada nas telas por Elizabeth Taylor e Richard Burton. Só que, nesse drama, o embate acontece a dois, ao contrário do quarteto dirigido pelo cineasta, que recentemente teve sua vida contada no livro do jornalista inglês Christopher Sandford, Polanski, uma Vida.

Para contar a história pessoal dramática do cineasta, que perdeu a mãe em Auschwitz, teve a mulher Sharon Tate tragicamente assassinada

– quando estava grávida de oito meses – e que foi condenado por crime sexual, Sandford fez cerca de 270 entrevistas e levou mais de dois anos para concluir a obra.

Temas

Adolescência, barreiras sociais, contradições, preconceito, relacionamento entre as pessoas, violência juvenil.

Ficha Técnica

Título original: Carnage
Título da tradução brasileira: O Deus da Carnificina
Ano: 2011
País: França / Alemanha / Polônia
Direção: Roman Polanski
Roteiro: Yasmina Reza
Fotografia: Pawel Edelman
Edição: Hervé de Luze
Música: Alexandre Desplat
Elenco principal: Kate Winslet, Christoph Waltz, Jodie Foster, John C. Reilly
Produção: SBS Productions e Constantin Film Produktion
Gênero: Comédia / Drama
Duração: 80 minutos

A Fita Branca

A Fita Branca, de Michael Haneke, é um dos melhores trabalhos de sua carreira até agora e tem tido muito sucesso por onde passa.

Exibido em Cannes, onde ganhou a Palma de Ouro e o Prêmio da Crítica, o filme marcou também a volta do diretor ao festival, onde o seu Cachê (Escondido), foi o título de encerramento em 2005 e lhe deu o prêmio de direção em Cannes naquele ano.

O instigante filme do diretor alemão naturalizado austríaco começa em 1913 e se passa na Prússia, numa comunidade protestante de um vilarejo, pouco antes da Primeira Guerra Mundial. A fita branca, uma imposição do pastor aos filhos faltosos até que o pecado fosse considerado perdoado, funciona como símbolo de manter na vida adulta, a pureza e a ingenuidade da infância.

Mas esse símbolo e a calma do pequeno lugarejo são perturbados por sucessivas tragédias, que parecem punições rituais. Um médico que cavalga a caminho de casa sofre um aparente acidente, mas, na verdade, houve uma tentativa deliberada de matá-lo. Crianças, inclusive uma portadora da Síndrome de Down, são alvos de constantes violências e a história segue nessa linha.

Haneke diz que o filme trata do sistema repressivo de educação que alicerçou o nazismo e que havia lido em muitos manuais alemães do final do século 19 e início do século 20, antes de escrever o seu roteiro.

"É um ensaio sobre o surgimento das diversas formas de terrorismo. Quando se impõe algo absoluto como princípio moral, ele acaba se tornando desumano", define o diretor que rodou o filme em preto e branco numa forma de expressar a iconografia do início do século passado.

"A opção se deveu ao fato de que as imagens preservadas desse período, que vai do final do século 19 ao início do século 20, serem em preto e branco, explica.

O desempenho dos atores é fantástico, depois de uma seleção de elenco impecável que, no caso das crianças, consumiu seis meses e sete mil testes.

"Era importante que as crianças tivessem um tipo físico correspondente às imagens que conhecemos do período e, além disso, era fundamental que tivessem talento", ressalva Haneke, que em A Fita Branca voltou a filmar no idioma alemão.

Mas para ele, o filme não deve ser associado apenas à história alemã e ao nazismo. O tema se refere a qualquer sociedade e fanatismo, sejam de direita ou de esquerda, de acordo com o diretor, que inicialmente pensou em dar ao filme o título de A Mão Direita de Deus, e mantém o final aberto, uma de suas marcas.

"Cabe aos espectadores refletirem sobre o que viram e não a mim direcioná-los para as respostas", afirmou.

A produtora, Margarete Menégoz, da Losange Films, considera que o filme marca uma mudança importante na carreira de Haneke, embora ele continue com sua visão amarga da humanidade.

Assim como no *remake* norte-americano de Violência Gratuita (Funny Games), a violência em A Fita Branca é implícita e, mais terrível, porque sutil e intrigante. E se em Cache, ele fazia uma crítica à cegueira social e política da classe média francesa, neste novo trabalho aprofunda sua análise da responsabilidade e da culpa no conturbado contexto do mundo de hoje.
"Eu cresci num ambiente judaico-cristão onde é impossível não ter noção da culpa. Isso não é algo que eu tenha inventado, isso existe", ressalta.

Temas

Autoritarismo, culpa, cultura, denúncia, educação, história, responsabilidade social, rituais, talento, universalidade.

Ficha Técnica

Título original: Das Weibe Band
Título da tradução brasileira: A Fita Branca
Ano: 2009
País: Alemanha / Áustria
Direção e Roteiro: Michael Haneke
Fotografia: Christian Berger
Edição: Monika Willi
Elenco principal: Christian Friedel, Ernst Jacobi, Leonie Benesch
Produção: X-Filme Creative Pool e Wega Film
Gênero: Drama / Mistério
Duração: 144 minutos

Ginger & Rosa

Ginger & Rosa, de Sally Potter (Orlando), mantem a plateia atenta durante os curtos 89 minutos do seu filme, que termina com gosto de quero mais.

Ambientada em Londres, em 1962, a história segue as personagens título, Ginger e Rosa, duas adolescentes amigas inseparáveis. Sempre juntas, falam sobre religião, política, moda, sonham ter uma vida melhor da que suas mães têm, frustradas donas de casa.

Mas com os efeitos e turbulências da Guerra Fria, com a revolução sexual e a ameaça de um holocausto nuclear, a antiga amizade fica estremecida e abalada quando uma delas decide fazer algo totalmente inesperado e fora dos padrões convencionais.

Elle Fanning, irmã mais nova de Dakota Fanning, começou a atuar com dois anos em Uma Lição de Amor e, agora, com 15, já está no seu 33º trabalho. A talentosa atriz adolescente tem um excelente desempenho, interpretando, com louvor, a ansiosa Ginger, afetada pela situação de seus pais (Alessandro Nivola e Christina Hendricks) e pelos receios da destruição nuclear.

Buscando formas para contornar seu drama particular, Ginger vive entre os ideais da juventude e os desapontamentos da idade adulta.

A também talentosa Alice Englert, filha da diretora neozelandesa Jane Campion, faz seu primeiro longa como a complicada Rosa.

Potter foca o filme nos personagens, nos seus relacionamentos e no difícil processo de crescimento, principalmente no que fazer quando é necessário levar a vida seriamente. O tratamento de Potter para conduzir a narrativa é muito interessante, em sua maior parte feito através de linguagem corporal, das expressões e de comentários velados.

Ginger & Rosa é uma história intimista, atemporal e bastante convincente, possibilitando um profícuo debate sobre os chamados ritos de passagem, momentos e/ou cerimônias que marcam mais fortemente a transição da adolescência para a idade adulta.

Temas

Adolescência, amizade, comunicação, moda, padrões, política, relacionamento, religião, ritos de passagem.

Ficha Técnica

Título original: Ginger & Rosa
Título da tradução brasileira: Ginger & Rosa
Ano: 2012
País: Estados Unidos
Direção e Roteiro: Sally Potter
Fotografia: Robbie Ryan
Edição: Anders Refn
Elenco principal: Elle Fanning, Alice Englert, Alessandro Nivola, Christina Hendricks,
Produção: Adventure Pictures e BBC Films
Gênero: Drama
Duração: 89 minutos

Pina

Pina, documentário do aclamado diretor Wim Wenders, expõe a arte da coreógrafa alemã Pina Bausch, que se tornou internacionalmente conhecida por ter rompido com as formas tradicionais de dança-teatro, utilizando-se de ações paralelas, contraposições estéticas e uma linguagem corporal incomum para a época.

Gravado com a tecnologia tridimensional utilizada em filmes de animação e com efeitos especiais que fazem com que os espectadores se sintam dentro da tela, o filme traz a encenação de suas famosas coreografias, entre elas Café Muller, A Sagração da Primavera e a peça Kontakthof.

Além dos grandes números da companhia de Bausch, há também peças mais breves como a coreografia "Água" (2001), dançada ao som da música O Leãozinho, de Caetano Veloso.

Realizado numa coprodução teuto-francesa, o projeto inicial passou por várias mudanças principalmente devido à morte inesperada de Bausch – aos 68 anos, em junho de 2009, cinco dias após ser diagnosticada com câncer – e a constatação de que a utilização da tela em duas dimensões não funcionaria.

A ideia de fazer um filme com Bausch era um projeto acalentado há mais de 25 anos por Wenders, como revelou, no Festival de Berlim, o cultuado diretor de sucessos como Aguirre, a Cólera dos Deuses (1972), Paris, Texas (1984) e Buena Vista Social Club (1999).

Depois de assistir a várias obras de Pina em Veneza, Wenders ficou profundamente emocionado com os movimentos, os gestos e as emoções na perspectiva de Bausch e decidiu realizar um documentário sobre sua obra para passar essa magia para a tela grande. Inicialmente tinha concebido o projeto como um *road movie*, no qual acompanharia Bausch a vários países. Mas a morte inesperada da grande dama da coreografia moderna determinou mudanças no projeto.

Pina faleceu um mês antes do início das filmagens e a equipe praticamente perdeu o ponto. Só após um tempo, perceberam, em conjunto com seu grupo, o Tanztheather da cidade alemã de Wuppertal, que deviam à Pina fazer o filme como planejado, agora também em homenagem a ela.

Quando começaram a formatá-lo, se deram conta de que a gravação com uma câmera de filme tradicional, deixaria algo de lado. A tela do filme em duas dimensões não seria capaz de captar nem emocional, nem esteticamente, o legado de Pina. O diretor decidiu então retomar os planos de filmagem dando um novo rumo ao roteiro e usando tecnologia 3D.

O efeito realmente é deslumbrante, já que a tecnologia tridimensional permite transportar o público ao palco, retratando o movimento humano nas coreografias de uma maneira totalmente nova. Os espectadores têm a oportunidade de ver a dança de Pina, como se estivessem sentados na primeira fila de um teatro.

Além disso, é espetacular a reunião de 40 tipos de música de várias épocas e países diferentes em uma mesma linha narrativa, exatamente como foi concebido por Pina.

O filme foi aprovado pelos bailarinos que trabalhavam com ela, pelo francês Dominique Mercy, diretor da companhia, e também pelo alemão Robert Sturm, que foi assistente artístico da coreógrafa durante dez anos.

Temas

Ações fora do convencional, adaptação, arte, criatividade, flexibilidade, inovação, mudança de rumos, tecnologia.

Ficha Técnica

Título original: Pina
Título da tradução brasileira: Pina
Ano: 2011
País: Alemanha / França
Direção e Roteiro: Wim Wenders
Fotografia: Hélène Louvart e Jorg Widmer
Edição: Toni Froschhammer
Música: Thom (como Thom Hanreich)
Produção: Neue Road Movies e Eurowide Film Production
Gênero: Documentário
Duração: 103 minutos

Reencontrando a Felicidade

Versatilidade é uma característica que se aplica bem ao diretor John Cameron Mitchell. Em 2006, ele estreou no Sundance com o ótimo Hedwig – Rock, Amor e Traição, adaptação de um musical da Broadway sobre um homossexual que, para se casar com um soldado americano e fugir da Cortina de Ferro, faz uma operação para mudança de sexo. Shortbus, seu filme seguinte, escandalizou os espectadores com as fortes cenas eróticas passadas num local de encontro onde as pessoas, independentemente de serem homo ou heterossexuais, reúnem-se para tentar resolver carências afetivas ou tensões sexuais.

Reencontrando a Felicidade, seu novo trabalho, vai por um caminho totalmente oposto ao abordar, de forma delicada e tocante, o difícil problema da perda e como conviver com ela.

Becca (Nicole Kidman) e Howie (Aaron Eckart) enfrentam a dura realidade de perder seu único filho de quatro anos, num acidente de carro, oito meses atrás.

A perda faz com que surja um distanciamento entre ambos, enquanto cada um busca uma forma diferente de lidar com a dor.

Mitchell e o roteirista e dramaturgo David Landsay Abaire, que se baseou em sua peça teatral homônima premiada com o Pulitzer, vão introduzindo pequenos detalhes da relação matrimonial drasticamente alterada pela tragédia. As íntimas interações entre os atores ditam o desenvolvimento da narrativa, marcada pelas sequelas que ficam cada vez maiores diante da incapacidade de ambos de lidarem com a morte do ente querido.

A atuação dos dois atores é uma das melhores de suas carreiras em papéis sumamente difíceis, principalmente Kidman, indicada ao Oscar de melhor atriz pelo papel. Sua personagem oscila entre força e fragilidade transmitidas com lágrimas, olhares e sutis formas de falar.

O suporte de Becca é sua mãe, interpretada pela ótima Dianne Wiest em outro papel forte. Ela também perdeu seu filho e tenta explicar à filha como a dor vai se transformando. Howie procura consolo através de uma relação com sua colega de grupo de apoio Gaby, vivida por Sandra Oh (da série Greys Anatomy). O novato Miles Taller também está no elenco e se sai muito bem no papel de Jason, um jovem envolvido no acidente que tirou a vida do garoto.

A ótima fotografia de Franco G. DeMarco procura expressar a beleza do mundo estabelecendo um contraste com a depressão dos personagens.

Reencontrando a Felicidade é um pequeno filme independente, tal como foram os primeiros de Mitchell. Deve ter sido difícil realizá-lo, assim como não é fácil assisti-lo, mas isso é um ponto forte na ainda curta carreira do diretor ligado ao cinema fora de estúdios.

Temas

Adaptação, conflito, diferenças individuais, mudança, perda, resiliência, versatilidade.

Ficha Técnica

Título original: Rabbit Hole
Título da tradução brasileira: Reencontrando a Felicidade
Ano: 2010
País: Estados Unidos
Direção: John Cameron Mitchell
Roteiro: David Lindsay-Abaire
Fotografia: Frank G. DeMarco
Edição: Joe Klotz
Música: Anton Sanko
Elenco principal: Nicole Kidman, Aaron Eckart, Dianne Wiest, Miles Taller
Produção: Olympus Pictures e Blossom Films
Gênero: Drama
Duração: 91 minutos

O Voo

O filme é um thriller de ação e mistério que conta a história de Whip Whitaker, um experiente piloto de aviação comercial que, numa manobra heroica, consegue aterrissar seu avião com segurança após uma avaria no aparelho.

Enquanto o mundo o reverencia como herói, Whitaker terá de lidar com uma investigação que traz à tona fatos desabonadores de sua conduta naquela noite e em períodos anteriores ao acidente.

Denzel Washington tem um excelente desempenho e o ótimo elenco inclui ainda John Goodman, Don Cheadle, Melissa Leo e Kelly Reilly.

O argumento de John Gatin é inspirado num evento real ocorrido em 24 de agosto de 2001, quando o Capitão Robert Piché, num voo entre Toronto e Lisboa, fez uma aterrisagem complicada com seu Airbus 330 em pane, salvando 306 passageiros de uma colisão fatal.

Ele consegue aterrissar o avião com segurança, mas enquanto alguns o aplaudiam pela manobra épica, outros, ao mesmo tempo, o acusavam de incompetência na análise da falha técnica. O episódio foi tema do filme Piché – entre Ciel et Terre, de Sylvain Archambault.

Zemeckis é conhecido, tanto por contagiar os espectadores, bem como ir por além dos limites tecnológicos da filmagem. Seu novo trabalho é um filme eletrizante sobre a jornada de um homem e o drama que revela as partes obscuras de sua alma.

Voo também marca a volta ao cinema puramente de imagem real. Desde Náufrago, em 2000, ele não trabalhava com *live-action*, tendo nesse período realizado três filmes de animação nos quais há captura de movimentos dos atores: O Expresso Polar, A Lenda de Beowulf e Os Fantasmas de Scrooge.

Há muitos pontos para reflexão e debate após a projeção. Além do talento do diretor na transmissão da mensagem e na forma de capturar e prender os espectadores atentos ao filme, O Voo alerta para os perigos de condutas inadequadas que, devido a determinadas circunstâncias, podem vir à tona e comprometer seriamente a imagem dos envolvidos.

Temas

Conduta, confiança, idoneidade, imagem, limites, talento, versões diferenciadas.

Ficha Técnica

Título original: Flight
Título da tradução brasileira: O Voo
Ano: 2012
País: EUA
Direção: Robert Zemeckis
Roteiro: John Gatins
Fotografia: Don Burgess
Edição: Jeremiah O'Driscol
Música: Alan Silvestri
Elenco principal: Nadine Velazquez, Denzel Washington,
  John Goodman
Produção: ImageMovers e Paramount Pictures
Gênero: Drama
Duração: 138 minutos

Referências Bibliográficas

ANDREW, J. Dudley. *As Principais Teorias do Cinema.* Rio de Janeiro, Zahar Editores, 1989.
ARNHEIM, Rudolf. *A Arte do Cinema,* Lisboa, Edições 70, 1957.
AUMONT, Jacques. *A Estética do Filme.* Papirus Editora, 1995.
BABIN, Pierre. *A Era da Comunicação,* São Paulo, Editora Paulinas, 1989.
BENNIS, Warren. *A Invenção de uma Vida,* São Paulo, Campus-Elsevier, 1999.
BERNADET, Jean Claude. *O que é Cinema,* Editora Brasiliense, 1984.
BONO, de Edward. *Criatividade Levada a Sério,* Editora Pioneira, 1992.
BRAGA, José Luiz & CALAZANS, Maria Regina. *Comunicação e Educação: Questões Delicadas na Interface,* São Paulo, Hacker Editores, 2001.
CAMPBELL, Joseph. *Jornada do Herói,* Agora Editora, 2004.
CAPRA, Fritjop. *O Ponto de Mutação,* Editora Cultrix, 1992.
CAPRA, Fritjop. *A Teia da Vida,* Editora Cultrix, 1996.
CASTILHO, Áurea. *Filmes para Ver e Aprender,* Qualitymark Editora, 2003.
CHAMPOUX, Joseph. *Organizational Behavior: Integrating Individuals, Groups and Processes,*West Publishing Company, 1996.
CHAMPOUX, Joseph. South Western College Publishing, 2001.
CITELLI, Adilson. *Comunicação e Educação: A Linguagem em Movimento, São Paulo,* Editora Senac, 2000.
CLARKE, Arthur C.*3001 – A Odisseia Final.* Rio de Janeiro, Nova Fronteira, 2001.
DAMÁSIO, Antônio. *O Mistério da Consciência,* Rio de Janeiro, Editora Companhia das Letras, 2000.

DELAVALLÉE, Eric. *Le Manager Ideal n'Existe Pas*. Paris, Éditions d' Organization, 2004.
DUARTE, Rosália. *Cinema & Educação,* Belo Horizonte: Editora Autêntica, 2002.
DAVIDSON, Richard J.; BEGLEY, Sharon Begley. O *Estilo Emocional do Cérebro,* Rio de Janeiro, Editora Sextante, 2013.
DRUCKER, Peter. *Administrando em Tempos de Grandes Mudanças*, São Paulo, Editora Pioneira, 1995.
EISENSTEIN, Sergei. Rio de Janeiro, Zahar Editores, 1990.
ERICSON, Tamara. *– E Agora, Geração Y?*, Rio de Janeiro, Editora Campus-Elsevier, 2011.
ERNST, Chris, DALTON, Maxine. *Success for the New Global Manager: How to work Across Distances, Countries and Cultures*. Paperback, 2002.
FREIRE, Paulo. *Educação como Prática da Liberdade*, 18ª edição. Paz e Terra – Rio de Janeiro.
____ . *Educação e Mudança,* São Paulo, Editora Paz e Terra, 1979.
____ . *Política e Educação*, São Paulo, Cortez Editora, 1993.
HAMEL, Gary. *Liderando a Revolução,* Rio de Janeiro: Editora Campus, 2000.
HERSKOVITS, Melville J. *Man and His Works*, Editora Mestre Jou, 1969.
HIRIGOYEN, Marie-France. *Assédio Moral: A Violência Perversa no Cotidiano*. Rio de Janeiro: Ed. Bertrand Brasil, 1999.
JENKINS, Henry. *Cultura da Convergência*. Editora Aleph, 2009.
JOHNSON, Barry. *Polarity Management*. Paperback, 1996.
KOTTER, John. *Liderando Mudanças*. Rio de Janeiro: Editora Campus-Elsevier, 2000.
LEITE, Luiz Augusto Mattana da Costa & IE *Consultoria em Gestão de Pessoas*. Editora FGV, 2005.
LUZ, Marcia e PETERNELA, Douglas. *Lições que a Vida Ensina e a Arte Encena*. Editora Átomo, 2005.
MANNHEIM, Karl MERTON, e MILLS C., Wright. *Sociologia do Conhecimento*. Rio de Janeiro: Zahar Editores, 1967.
MARTIN, Marcel. *A Linguagem Cinematográfica*. Editora Brasiliense, 1990.
MONACO, James. *How to Read a Film,* Oxford University Press, 1981.
MONTEIRO, José Renato & PAULA, Vera de. *Linguagem Audiovisual e Educação*: Um (de) Bate-Papo Plausível, Revista Cinemais número 19 – set / out 1999.
MORIN, Edgar. *Educação e Complexidade: Os Sete Saberes e Outros Ensaios*. Editora Cortez, 2000.

_____ . *A Cabeça Bem Feita*, Rio de Janeiro: Editora Bertrand, 2001.
NAISBITT, John. *Paradoxo Global*. São Paulo: Campus-Elsevier, 1999.
NASCIMENTO, Leyla.*Gestores de Pessoas – Os impactos das Transformações no Mercado de Trabalho*. Qualitymark Editora (2006).
NONAKA, Ikujiro. *Gestão do Conhecimento*. São Paulo: Editora Bookman (2008).
OLIVEIRA, Heitor Chagas.*O Jogo da Malha Recursos Humanos e Conectividade*. Qualitymark Editora, 2003.
OLIVEIRA, Milton de. *Caos, Emoção e Cultura: Teoria da Complexidade e o Fenômeno Humano*. Editora Ophicina de Arte & Prosa, 2000.
PESSOA, Fernando. *O Meu Olhar: Obra Poética*. Editora Nova Aguillar. 1986.
PICARD, Rosalind. *Affective Computing*. MIT Press, 1997.
QUINTANA, Mario. *Apontamentos de História Sobrenatural*. São Paulo, Editora Globo, 1984.
RIESMAN, David. *A Multidão Solitária*. Editora Perspectiva, 1961.
SANTARÉM, Robson Goudard. *Precisa-se (De) Ser Humano*. Qualitymark Editora, 2004.
SANTARÉM, Robson Goudard. *A Perfeita Alegria*. Petrópolis: Editora Vozes, 2010.
SARAMAGO, José. *Ensaio sobre a Cegueira*. Editora Companhia das Letras, 1995.
SAVIOLI, Nelson. *Reflexões sobre o Exemplo*. Qualitymark Editora, 2005.
SENGE, Peter (1990) – A Quinta Disciplina. Editora Best Seller.
STAM, Robert.*Tropical Multiculturalism – A Comparative History of Race in Brazilian Cinema & Culture* Duke University Press, 1997.
TROMPENAARS, Fons. *Nas Ondas da Cultura*. Editora Educator, 1992.
WILLIAMSON, Marianne. *Our Deepest Fear*, Harper Collins, 1992.

QUALITYMARK EDITORA

Entre em sintonia com o mundo

QualityPhone:

0800-0263311

Ligação gratuita

Qualitymark Editora
Rua Teixeira Júnior, 441 – São Cristóvão
20921-405 – Rio de Janeiro – RJ
Tels.: (21) 3094-8400/3295-9800
Fax: (21) 3295-9824
www.qualitymark.com.br
e-mail: quality@qualitymark.com.br

Dados Técnicos:	
• Formato:	16 x 23 cm
• Mancha:	12 x 19 cm
• Fonte:	Optima
• Corpo:	11
• Entrelinha:	13
• Total de Páginas:	228
• Lançamento:	2013